MARCO POLO

KENIA

W0461225

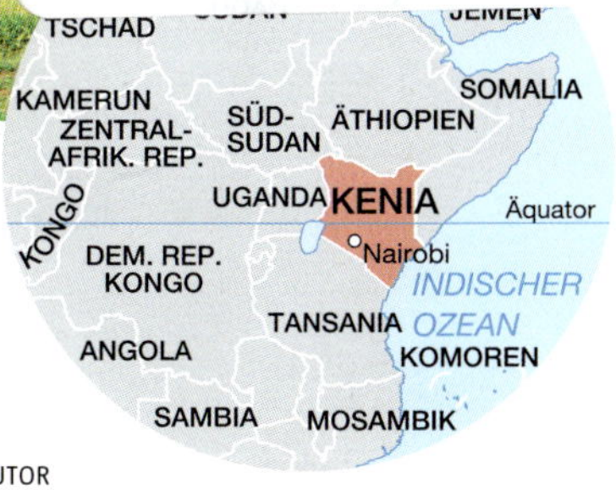

MARCO POLO KOAUTOR

Utz Dräger

Seit 2012 lebt und arbeitet der Journalist mit seiner Frau in Nairobi. Auch wenn ihn die Staus in der Hauptstadt manchmal zur Verzweiflung treiben, hat er Kenia mittlerweile fest in sein Herz geschlossen. Besonders begeistert ist er von den endlosen Stränden der Küste, der Stille der Savanne abseits der befahrenen Safarirouten und den Menschen dieses Landes, die so herzlich und humorvoll sein können.

REIN INS ERLEBEN

Mit dem digitalen Service von MARCO POLO sind Sie noch unbeschwerter unterwegs: Auf den Erlebnistouren zielsicher von A nach B navigieren oder aktuelle Infos abrufen – das und mehr ist nur noch einen Fingertipp entfernt.

Hier geht's lang zu den digitalen Extras:

http://go.marcopolo.de/ken

Touren-App

Ganz einfach orientieren und jederzeit wissen, wo genau Sie gerade sind: Die praktische App zu den Erlebnistouren sorgt dank Offline-Karte und Navigation dafür, dass Sie immer auf dem richtigen Weg sind. Außerdem zeigen Nummern alle empfohlenen Aktivitäten, Genuss-, Kultur- und Shoppingtipps entlang der Tour an.

HTTP://GO.MARCOPOLO.DE/KEN

Update-Service

Immer auf dem neuesten Stand in Ihrer Destination sein: Der Online-Update-Service bietet Ihnen nicht nur aktuelle Tipps und Termine, sondern auch Änderungen von Öffnungszeiten, Preisen oder anderen Angaben zu den Reiseführerinhalten. Einfach als PDF ausdrucken oder für Smartphone, Tablet oder E-Reader herunterladen.

SYMBOLE

- INSIDER TIPP Insider-Tipp
- ★ Highlight
- ●●●● Best of ...
- Schöne Aussicht
- Grün & fair: für ökologische oder faire Aspekte
- (*) kostenpflichtige Telefonnummer

PREISKATEGORIEN HOTELS

€€€	über 150 Euro
€€	100–150 Euro
€	unter 100 Euro

Die Preise gelten für eine Übernachtung von zwei Personen im DZ mit Frühstück. Die meisten Lodges in den Parks sind nur mit VP buchbar

PREISKATEGORIEN RESTAURANTS

€€€	über 30 Euro
€€	15–30 Euro
€	unter 15 Euro

Die Preise gelten für ein dreigängiges Essen ohne Getränk

Titelthemen: Tsavo: Wo die roten Elefanten leben S. 53, 92 | Diani Beach S. 47

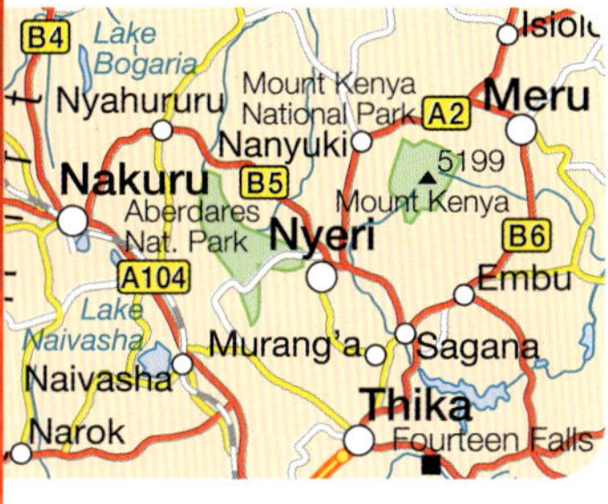

GUT ZU WISSEN

Geschichtstabelle → S. 14
Spezialitäten → S. 28
Schnee von gestern → S. 54
Sicherheit → S. 69
Bücher & Filme → S. 84
Feiertage → S. 111
Was kostet wie viel? → S. 116
Währungsrechner → S. 117
Wetter → S. 119

KARTEN IM BAND

(126 A1) Seitenzahlen und Koordinaten verweisen auf den Reiseatlas
(U A1) Koordinaten für die Karte von Nairobi im hinteren Umschlag
(0) Ort/Adresse liegt außerhalb des Kartenausschnitts
Es sind auch die Objekte mit Koordinaten versehen, die nicht im Reiseatlas stehen

(*A–B 2–3*) verweist auf die herausnehmbare Faltkarte
(*a–b 2–3*) verweist auf die Zusatzkarte auf der Faltkarte

UMSCHLAG VORN:
Die wichtigsten Highlights

UMSCHLAG HINTEN:
Karte von Nairobi

Die besten MARCO POLO Insider-Tipps

Von allen Insider-Tipps finden Sie hier die 15 besten

INSIDER TIPP **Tierische Begegnung**
Haben Sie schon einmal Riesenschildkröten gestreichelt oder neben einer Eule gesessen? In der *Falconry of Kenya* in Malindi ließe sich das nachholen → S. 101

INSIDER TIPP **Schmuck aus der Natur**
Aus Horn und Schaumkoralle, Bein und recyceltem Aluminium designt die deutsche Auswanderin *Marie-Rose Iberl* geschmackvollen und ökologisch einwandfreien Schmuck → S. 31

INSIDER TIPP **Terrassen über dem Meer**
Im *Unguja House* in Kilifi thront man über den Wellen. Das im Swahili-Stil gebaute Haus bietet Komfort und Genuss und atmet dabei die Meeresbrise → S. 45

INSIDER TIPP **Insel-Wellness**
In Lamus *Banana House* locken der nahe Strand, ein Pool sowie Massagen und Yoga: ein Wellness-Erlebnis der besonderen Art → S. 36

INSIDER TIPP **An Zebras vorbeiradeln**
Der *Hell's Gate National Park* lässt sich zu Fuß erwandern oder auf dem Leihfahrrad erstrampeln: Näher an der Natur kann man nicht sein (Foto o.) → S. 76

INSIDER TIPP **Skulpturen und Staffeleien**
In den Ateliers des *Kuona Trust* können Sie kenianischen Künstlern bei der Arbeit zusehen: phantasievolle Zeichnungen und Skulpturen, abstrakte Malerei und Drucke sind hier zu bewundern – und natürlich dürfen Sie die Werke auch kaufen → S. 60

INSIDER TIPP **Paddeln zwischen Krokodilen**
Die traumhaft gelegene Lodge *Tana Delta Dunes* ist der perfekte Ausgangspunkt für abenteuerliche Kanusafaris auf dem Tana-Fluss, in dem es von mächtigen Flusspferden und hungrigen Krokodilen nur so wimmelt → S. 39

INSIDER TIPP Luxus im Busch
Nach der Safari ein Open-Air-Bad auf der Zeltterrasse, dann ein Dinner mit Wein aus dem reich sortierten Keller: Im *Mara Bushtops* wird Luxus großgeschrieben → S. 79

INSIDER TIPP Delphinsafari
Lassen Sie sich von *Wasini Island* aus mit der Dhow auf den Indischen Ozean hinausfahren, um Delphine und Walhaie zu beobachten → S. 48

INSIDER TIPP Wandern mit Antilopen
Kenias kleinster Nationalpark *Saiwa Swamp* im fernen Westen des Landes lässt sich am besten zu Fuß erkunden: Mit Glück sieht man dann auch die scheue Sitatunga-Antilope → S. 74

INSIDER TIPP Tierisches Spektakel
Wenn mehr als 2 Mio. Gnus, Zebras und Antilopen in die *Masai Mara* wandern, halten die Löwen ein Festmahl, und die Kameras stehen nicht mehr still (Foto u.) → S. 110

INSIDER TIPP Kitesurfing am Designerstrand
In der eleganten und voll ökologischen *Che-Shale-Lodge* lässt sich der rasante Surfsport schnell erlernen: Wer einmal angefangen hat, hört nicht wieder auf → S. 106

INSIDER TIPP Baden am Vulkan
Am Fuß des Mount Longonot, im *Hell's Gate National Park*, wurde ein Bad eingerichtet, das sich aus geothermischen Quellen speist – sehr entspannend! → S. 97

INSIDER TIPP Allein im Garten Eden
Wie das Paradies ragt die Matthews Range aus dem trockenen Umland: Kaum ein Tourist findet hierher, das *Kitich Camp* ist eine Oase für Erholung Suchende → S. 89

INSIDER TIPP Urbaner Puls
Im *Juniper Kitchen* treffen sich die jüngeren, kreativen und coolen Einwohner Nairobis. Vom Lunch bis zu Feiern nach Mitternacht – kein Tag ist wie der andere → S. 66

BEST OF ...

TOLLE ORTE ZUM NULLTARIF

Neues entdecken und den Geldbeutel schonen

SPAREN

Oase im Großstadtdschungel

Nur eine kurze Fahrt von Nairobis brodelnder Innenstadt entfernt liegt ein grünes Paradies: Zwischen den exotischen Bäumen im *Arboretum* erholen sich auch viele Kenianer. Der Eintritt ist frei → S. 60

Auf den Spuren der Urmenschen

In den 1940er-Jahren fanden Mary und Louis Leakey in *Olorgesailie* die Überreste einer Urmenschensiedlung: So reich waren die Funde, dass bis heute gegraben wird. Die Funde können Sie an der Ausgrabungsstätte kostenlos besichtigen, ein Museum erklärt Hintergründe → S. 75

Club der lässigen Dichter

Schriftsteller, Literaten, Wortjongleure und solche, die es werden wollen, stellen in den Clubs und Kneipen Nairobis regelmäßig ihre Werke vor. Kwani Trust *(www.kwani.org)* ist ein Literaten-Netzwerk, das regelmäßig Veranstaltungen organisiert, z.B. im *Juniper Kitchen* → S. 66

Picknick am Naivashasee

Das Wochenende verbringen viele Kenianer gern am Naivashasee. Nur eine Stunde von der Hauptstadt entfernt, genießt man ein Picknick am sanft plätschernden Seeufer, schaut dabei Affen, Flusspferden und Vögeln zu, etwa auf den Wiesen vor dem *Fisherman's Camp* – und spart sich den Eintritt für einen Nationalpark → S. 75

Kunst aus Scherben

Die deutsch-kenianische Künstlerin Nani Croze macht aus Altglas Kirchenfenster, schiefe Krüge, Windspiele und vieles mehr. In ihrer Werkstatt *Kitengela* am Stadtrand von Nairobi, selbst ein Gesamtkunstwerk aus geschmolzenem Glas, sind Besucher stets willkommen, auch wenn sie nichts kaufen → S. 30

Die ganze Pracht der Hinduisten

Der *Jain-Tempel* in Mombasa ist die prächtigste Glaubensstätte des Landes: Überall strahlend weißer Marmor, Kuppeln und Pagoden – ein traumhafter Anblick, und der Eintritt ist frei (Foto) → S. 42

TYPISCH KENIA

Das erleben Sie nur hier

Im Safariparadies

Die *Masai Mara* ist der Inbegriff des afrikanischen Nationalparks: In der Savanne grasen Zebras und Büffel, Löwen und Leoparden jagen nach Beute, und prächtige Vögel ziehen über die atemberaubende Szenerie hinweg → S. 78

Den Kilimandscharo bewundern

Afrikas höchster Berg ist ein einmaliger Anblick, den Sie besonders schön vom traumhaften *Tortilis Camp* aus genießen können: Der schneebedeckte Gipfel leuchtet im blauen Himmel, davor marschieren Elefantenherden durchs Gras → S. 53

Essen wie die Kenianer

Den weißen Maisbrei Ugali sollten Sie unbedingt einmal probieren: Dazu gibt es geröstete Ziege, Lamm oder Fisch und Sukumawiki, eine Art Mangold. Erhältlich ist er an fast jeder Straßenecke oder im *Amaica*-Restaurant in Nairobi → S. 61

Schwimmen, tauchen, sonnenbaden

Der schönste Strand Kenias liegt südlich von Mombasa und heißt *Diani Beach:* feiner weißer Sand mit Schatten spendenden Palmen, davor das türkisfarbene Meer und das Riff, wo Sie tauchend die schillernde Vielfalt von Fischen und Korallen bestaunen können (Foto) → S. 47

High Tea wie Karen Blixen

Auf der Lord-Delamere-Terrasse des *Norfolk Hotels* hat schon Karen Blixen („Jenseits von Afrika") gesessen. Bis heute wird im ältesten Hotel Nairobis wie zu Kolonialzeiten vom Butler feinstes Porzellan gedeckt, zum Tee werden Scones, Eclairs etc. gereicht → S. 66

Ein Waisenhaus für Elefanten

Einmal am Tag werden die Elefanten, die auf der Farm von *Daphne Sheldrick* für die Rückkehr in die Wildnis aufgepäppelt werden, gefüttert – und Sie können als Zuschauer dabei sein → S. 109

Volle Ladung Küstenkultur

Beim *Lamu Cultural Festival* im November verwandelt sich die Insel in eine Open-Air-Bühne. In der Altstadt von Lamu Town wird dann getanzt, gesungen und mit allerlei Kulturevents gefeiert → S. 111

BEST OF ...

SCHÖN, AUCH WENN ES REGNET

Aktivitäten, die Laune machen

Zurück in die Vergangenheit

Das generalüberholte *National Museum* in Nairobi ist schon wegen seiner prähistorischen Fundstücke ein Muss. Hier sehen Sie, warum Kenia als Wiege der Menschheit bezeichnet wird (Foto) → S. 61

Zwischen Schmetterlingen

Auf der *Kipepeo Butterfly Farm* bei Malindi werden im Gewächshaus mehr als 260 Schmetterlingsarten gezüchtet: eine farbenfrohe Abwechslung vom grauen Regenhimmel → S. 38

Modern Art of Kenya

In der *One Off Contemporary Art Gallery* zeigt Carol Lees Bilder und Skulpturen von allen, die in Kenia Rang und Namen haben. Genießen Sie die einzigartige Atmosphäre in diesem Kunsthaus, wenn's draußen mal regnet → S. 61

REGEN

Unter den grünen Hügeln Afrikas

Auch wenn es oben regnet, ist es in den unterirdischen Kanälen, die die Lavahügel der *Chyulu Hills* durchziehen, trocken. Taschenlampen beleuchten eine magische Landschaft unter Tage, die nur wenige Besucher je zu Gesicht bekommen → S. 57

Regensichere Safari

Wenn es in den Nationalparks zu nass ist, ist die Lodge *The Ark* die perfekte Alternative. Hier wandern die Tiere zu den Besuchern, um Salz vom mineralischen Boden vor dem Hotel zu lecken. Die Beobachter stehen derweil hinter Glaswänden im Trockenen → S. 81

Ganz Afrika in einem Haus

Draußen westafrikanische Lehmarchitektur, drinnen Kunst vom ganzen Kontinent: Alan Donovans *African Heritage House* können Sie auf Voranmeldung besichtigen, Lunch oder Dinner mit dem Hausherrn inklusive → S. 68

ENTSPANNT ZURÜCKLEHNEN

Durchatmen, genießen und verwöhnen lassen

ENTSPANNT

Magische Stille

Wenige Vogelgeräusche und sonst nur imposante Ruhe umgeben den Besucher der *Mount Longonot Lodge*. Dabei blickt man hinauf zum nahen Vulkan oder kilometerweit über den Naivashasee → S. 76

Einfach treiben lassen

Einfach nur Wind, Salz und Sonne im Gesicht spüren – den Rest macht der Kapitän. Eine *Fahrt mit der Dhow,* dem traditionellen Segelboot der Swahili, ist ein echter Genuss (Foto) → S. 36

Verwöhnsafari in Tsavo

Im Luxuscamp *Finch Hatton's* schwelgen Besucher im Stil der goldenen 20er-Jahre. Musik vom Grammofon untermalt den Blick, dazu ein Glas Schampus: Entspannender kann Safari nicht sein → S. 56

Bar on the beach

Füße im Sand, ein Sundowner in der Hand und das letzte Glitzern des Meeres im Blick. In der *Nomad Beach Bar* können Sie den Tag ganz locker ausklingen lassen, bis die Sterne den Himmel erleuchten → S. 48

Traumhaus in der Natur

Im *Olerai House* dürfen Sie sich wie zu Hause fühlen: Im Heim der Elefantenschützer Iain und Oria Douglas-Hamilton ist jedes Zimmer künstlerisch gestaltet. Beim Essen wandern Zebras am Tisch vorbei, Vögel landen auf den im Gras liegenden Sitzkissen → S. 76

Allein am Strand ausspannen

Am Strand von *Msambweni* sind Touristen eine Seltenheit, obwohl der malerische Küstenabschnitt nur 15 km südlich von Diani Beach liegt. Hier ist der Alltag noch beschaulich, aufdringliche Beachboys gibt es nicht → S. 47

Spa, afrikanisch

Hot-Stone-Massage, eine afrikanische Ölkur oder relaxendes Facial? Im *Wild Earth Spa* in Nairobi (Westlands) gibt es tausendundeine Möglichkeit zur Erholung → S. 65

AUFTAKT

ENTDECKEN SIE KENIA!

Der ganze Reichtum Afrikas in einem Land, das ist Kenia: vom Indischen Ozean mit bunten Riffen und dem goldenen Strand, an den türkisfarbene Wellen schlagen, bis hin zur wogenden Weite der Savanne, durch die Löwen, Elefanten, Antilopen und Büffel ziehen. Im Hintergrund erhebt sich – schon auf dem Gebiet des Nachbarlands Tansania – der höchste Berg des Kontinents, der 5892 m hohe Kilimandscharo mit seiner Schneekuppe. Auch Kenias höchster Berg, der Mount Kenya (5199 m), ist schneebedeckt. Im tiefen afrikanischen Grabenbruch locken blaue Seen und brodelnde Geysire, im Norden schließt sich die Wüste an, die nur vom Jadegrün des Turkanasees unterbrochen wird. So viel ***Vielfalt*** gibt es in Afrika kein zweites Mal.
Quer durch Kenia zieht sich der Äquator, der das Land in zwei ungleiche Hälften teilt: in den weithin fruchtbaren Süden, wo die großen Städte sind und der weitaus größte Teil der Bevölkerung lebt, und in den trockenen, weiten Norden, den Nomaden durchwandern und der das ***Ziel der Abenteuerlustigen*** ist, die auf Kamelsafari gehen oder im jadegrünen Turkanasee schwimmen wollen. Regenwälder und Teeplantagen, staubige Dornbuschsavannen und Afrikas rote Erde: Das alles ist Kenia. Selbst die Topografie strahlt Vielfalt aus. Nicht nur die höchsten Berge, auch die tiefsten

Bild: Diani Beach

Schluchten hat das Land zu bieten. Der Große Grabenbruch (englisch Rift Valley) fällt von der fruchtbaren Hochebene abrupt und steil um mehrere Hundert Meter nach unten ab.

Und überall sorgt die Natur für ***Wunder, die unvergesslich bleiben***. Wenn die aufgehende Sonne die Savanne in ihren roten Schimmer taucht, ist die beste Zeit, auf Safari zu gehen. Giraffen und Geparden, Leoparden, Löwen, Nashörner und Flusspferde, dazu Zebras, Krokodile, Gnus und Hunderte Vogelarten erwachen mit dem neuen Tag. Kenias Nationalparks und Reservate sind in weiten Teilen noch so unberührt wie vor hundert Jahren, lassen sich mit dem Geländewagen aber bequem erkunden. Zwischen den Fahrten lässt man sich in den Lodges und Bush Camps verwöhnen und muss auf kaum eine Annehmlichkeit verzichten. Nur der Blick von der Terrasse erinnert daran, dass man sich in der Wildnis befindet. Doch nicht nur Naturfreunde kommen in Kenia auf ihre Kosten. Die ***Strände*** gehören ebenso wie die ***Tauchgründe*** zu den besten der Welt. Wer nicht nur faul am Strand liegen möchte, kann segeln oder angeln, surfen oder schnorcheln und Golf spielen – mit Meerblick. Auch Trendsportarten wie Kitesurfing, Abseiling oder Mountainbiketouren im rauesten Gelände werden mittlerweile angeboten. Der Kilimandscharo bietet ebenso wie der Mount Kenya zahlreiche Möglichkeiten zum Trekken und Bergsteigen. Und wer sich nach ***Stadtleben*** sehnt, nach Kultur, nach Abwechslung im Speiseplan oder schlicht nach einer quirligen Bar, der wird in den Metropolen Mombasa und Nairobi sicher fündig. Wie genau man den Urlaub in Kenia verbringt,

Von der Savanne zum Traumstrand

2,5 Mio. v. Chr.
Wiege der Menschheit: Erste Frühmenschen leben im Rift Valley bei Koobi Fora (Turkanasee)

9. Jh. n. Chr.
Muslime aus Arabien und Persien nehmen Handel mit der Küste auf; Aufschwung der Swahili-Kultur

1848
Der deutsche Missionar Johannes Rebmann erblickt als erster Europäer den Kilimandscharo

1920
Das Protektorat Ostafrika wird britische Kronkolonie unter dem Namen Kenya

1963
Kenia wird unabhängig, Jomo Kenyatta Gründungspräsident

Das moderne Kenia: Straßenszene auf der Kenyatta Avenue in in Nairobi

hängt auch vom Geldbeutel ab. ***Für jeden ist etwas dabei:*** Luxuslodges, die nur mit dem Privatflieger erreichbar sind, werden von Madonna ebenso besucht wie von Prinz William, der seiner Kate hier seinen Heiratsantrag machte. Doch es gibt auch Linienflüge, sogar Billigflieger – und für die kurzen Distanzen Mietwagen, günstige Taxen oder schlicht einen Platz im Matatu, dem stets vollgestopften Massentransportmittel der Kenianer.

Die ***Kultur*** der Kenianer ist so vielfältig wie ihr Land, das immerhin anderthalbmal so groß ist wie Deutschland. Die über vierzig Millionen Menschen stammen aus mehr als vierzig Ethnien, jede mit ihrer eigenen Sprache und Geschichte. Doch Kenianer, das sind auch die weißen Nachkommen der ehemaligen Siedler und die Mitglieder der großen indischen Gemeinschaft, die in Kenia lebt. Entsprechend leben Christen, Muslime und Hindus friedlich nebeneinander.

1978
Tod Kenyattas, Nachfolger wird Daniel arap Moi

1992
Erste freie Wahl seit 26 Jahren: Präsident Moi bleibt im Amt

1998
Bombenanschlag von Al-Kaida-Terroristen auf US-Botschaft in Nairobi, 224 Menschen sterben

2002
Ende der Ära Moi. Friedliche Machtübergabe an Mwai Kibaki

2004
Umweltschützerin Wangari Maathai erhält als erste Afrikanerin den Friedensnobelpreis; 2011 stirbt sie an Krebs

Kenias Geschichte reicht bis ins 9. Jh. zurück, als an der Küste ***das blühende Handelsreich der Swahili*** entstand. Mit den Monsunwinden kamen Händler aus Indien und dem nahen und fernen Osten, die fremde Kostbarkeiten gegen Elfenbein und Sklaven tauschten. Viele Geheimnisse der einstigen Hochkultur sind verschollen, seit der Portugiese Vasco da Gama 1498 die europäische Fremdherrschaft begründete. Erst 1963, Kenia war britische Kronkolonie, wurde das Land wieder unabhängig. Im Kalten Krieg blieb Kenia westlich ausgerichtet. Doch unter Gründungspräsident Jomo Kenyatta und seinem Nachfolger Daniel arap Moi wurden Bürgerrechte eingeschränkt, Systemgegner vom Staat gefoltert und ermordet. Als 2002 der Oppositionelle Mwai Kibaki ins Statehouse einzog, wehte ein ***Wind der Erneuerung*** durchs Land. Der aber hielt nicht lange an: Bald flogen Korruptionsskandale auf, die zeigten, dass die neue Regierungsmannschaft kaum besser war als die alte. Nach den Wahlen 2007 erlebte das Land seine bislang schlimmsten Unruhen: Politiker heizten die Lage so sehr an, dass bürgerkriegsähnliche Zustände ausbrachen. Mehr als 1100 Menschen starben. Inzwischen regiert eine Koalition der ehemaligen Widersacher. Präsident Uhuru Kenyatta (Sohn des Staatsgründers) wurde genau wie sein Vize William Ruto vor dem Internationalen Strafgerichtshof (ICC) in Den Haag als einer der mutmaßlichen Drahtzieher bei den Wahlunruhen 2007 angeklagt. Die Anklage gegen den Präsidenten wurde mittlerweile fallengelassen. Der Prozess sei von der kenianischen Regierung sabotiert worden, eine Beweisaufnahme daher nicht zu genüge möglich – so die Chefanklägerin des ICC.

Kenias wechselvolle Geschichte

Touristen bekamen von den Unruhen 2007 zumeist nur aus den Zeitungen etwas mit. Ein Problem ist da schon eher die hohe Kriminalitätsrate vor allem in den Städten, wo die ***Schere zwischen Arm und Reich*** besonders weit auseinandergegangen ist. Diebstählen und Überfällen können natürlich auch Urlauber zum Opfer fallen: Im Zweifel sollten Sie unbedingt kooperieren, Geld lässt sich ersetzen, Leben und Gesundheit nicht. Seit Kenia gegen Islamisten in Somalia Krieg führt, besteht zudem eine erhöhte Gefahr von Terroranschlägen, die das Land in den vergangenen Jahren bereits mehrfach erschüttert haben. Das ist kein Grund zur Panik, dennoch sollten Sie vor einer Reise nach Kenia unbedingt die aktuellen Reisehinweise des Auswärtigen Amts einholen.

2007 Schwere Unruhen nach Präsidentenwahl

2010 Der Internationale Strafgerichtshof in Den Haag lädt sechs Drahtzieher der Unruhen von 2007 vor

2011 Kenianische Truppen marschieren im Nachbarland Somalia ein und erklären den Islamisten den Krieg. In Reaktion darauf verübt Al Shabaab in den Folgejahren Anschläge in Kenia

2013 Uhuru Kenyatta wird neuer Präsident Kenias. Die Anklage gegen ihn vor dem ICC wird ein Jahr später fallengelassen

Obwohl politisch angeschlagen, ist Kenia ***ökonomisch immer noch führend*** in der Region. Kenianische Unternehmen wie Safaricom, Nakumatt oder die Kenya Commercial Bank verzeichnen an Nairobis Börse Rekordgewinne und expandieren in die Nachbarländer. In Kenia und besonders in Nairobi wird gebaut, was das Zeug hält. Aus einstigen Tagelöhnern sind dank des Handybooms vielerorts Kleinunternehmer geworden. Farmer erkundigen sich per SMS über die Marktpreise, um besser gegen Zwischenhändler zu bestehen. Andere erledigen alle Bankgeschäfte per Handy. Mit dem Aufschwung ist eine ***kenianische Mittelschicht*** entstanden, die sich zunehmend leisten kann, was früher allein Ausländern vorbehalten war. Immer mehr Kenianer gehen zum Beispiel auf Safari und lernen so erstmals ihr eigenes Land kennen.

Es tut sich was – ein Land im Umbruch

Die Massai sind traditionell Rinderzüchter: Viehmarkt in der Masai Mara

Touristen werden schnell feststellen, dass die Bewohner selbst einer der größten Schätze Kenias sind. Mit großer ***Hilfsbereitschaft und Freundlichkeit*** werden sie Ihnen zur Seite stehen. Vermutlich wird auch der eine oder andere versuchen, den vermeintlichen Reichtum des Reisenden anzuzapfen: Der Preis für die Flasche Wein, die Sie beim Abendessen öffnen, entspricht für viele Kenianer einem Monatslohn. Die unterschiedlichen Maßstäbe bedeuten aber nicht, dass Sie jedem helfen müssen. Entscheiden Sie selbst, und kommunizieren Sie Ihre Entscheidung höflich, aber deutlich, sodass es keine Missverständnisse gibt. Ansonsten gilt: Lassen Sie sich anstecken von der ***Offenheit und Herzlichkeit*** Ihrer Gastgeber, und genießen Sie Ihren Urlaub in einem faszinierenden Land!

IM TREND

1 Auf Wiedersehen

Kunst Die Wellen spülen Flipflops ans Ufer. Die angeschwemmten Plastiksandalen verwandelt *UniquEco (z.B. Marula Studios | Nairobi | www.marulastudios.co.ke) (Foto)* in Kunstwerke, Spiele und Schmuck. Aus abgefahrenen Autoreifen entstehen bei *Maasai Treads (Spinner's Web | Nairobi)* coole Schuhe. Nicht zum Anziehen, sondern zum Ansehen ist die Recyclekunst von *Kioko Mwitiki (Pimbi Gallery | Mbambane Rd. | Nairobi)*, der die Elefantenherde nahe dem Flughafen aus Altmetall schuf.

2 Natürlich Lamu

Kleinod Im Süden Lamus steht Entschleunigung an erster Stelle: Die Häuser sind aus Korallenstein gebaut und zeugen vom arabischen Erbe, wie z.B. das entspannte Boutiquehotel *Fatuma's Tower (www.fatumastower.com)*. Das *Madakani House (www.lamuretreats.com) (Foto)* ist dagegen ein traditionelles Swahelihaus aus dem 18. Jh. Im *Fishtrap House (www.fishtraphouse-lamu.com)* leben Sie wie die lokalen Fischer – mit eigenem Meerzugang und tollem Blick.

3 Abtauchen

Wellness Auch in die Beautybehandlungen der Hightech-Spas fließt das Wissen der Großmütter ein. Und schon die wussten, dass nicht nur Inhaltsstoffe zählen, sondern auch das Drumherum. In den Open-Air-Wannen des *Shaanti Retreat (Diani Beach)* genießen Sie den Sonnenuntergang am Meer, während Algen für die Strandfigur sorgen. Im *Leopard Beach (Diani Beach Road | Ukunda) (Foto)* baden Sie dagegen in Pinotage-Wein oder bekommen eine Schlammpackung. Im Open-Air-Spa des *Severin Safari Camp (Kitani)* wirkt die „African Dream"-Massage Wunder – trotz Tiergebrüll im Hintergrund.

In Kenia gibt es viel Neues zu entdecken. Das Spannendste auf diesen Seiten

Heute hier, morgen weg

4

Pop Up Events Ein stillgelegter Bus, ein Hinterhof, ein Museum, eine Galerie – überall finden in Nairobi derzeit Pop Up Events statt. Wer weiß, wann und wo, trifft auf improvisierte Küchen, Partys, Austellungen, Modemärkte und vieles mehr. Hier wird gemeinsam gefeiert, gegessen, genossen und gequatscht. Es liegt in der Natur von Pop Up Events, dass sie improvisiert sind. Ein paar Anknüpfungspunkte gibt es aber auch für Menschen, die Nairobi nur besuchen: *www.popupnairobi.com* kocht mal hier und mal da, in „The Bus" *(www.facebook.com/thenrbbus)* finden viele Events mit Medienbezug statt. Treffpunkt für ganz Unterschiedliches sind das *Michael Joseph Center (www.safaricom.co.ke/michaeljosephcentre)* oder der *Sarakasi Dome (www.sarakasi.org/sarakasi-dome)*.

Hauptstadt-Blues

5

Musik Die Hauptstadt Nairobi ist vielen Urlaubern keinen Besuch wert. Schade, denn die Metropole hat eine Musikszene, die sofort in die Füße geht. Dort vermischt sich der eher etablierte Benga-Gitarrensound mit Afrobeat, Elektro und Jazz. Posterboys dieses Fusionsounds sind *Just a Band (just-a-band.com)*. Beim ersten Hinhören irritiert der Sound noch, dann wird es richtig gut. Afrikas Ost- und Westküste und Europa vermengt auch Gogo Simo *(www.gogosimoall.com)* zu einem hörenswerten Gemisch. Um die Musik zu verstehen, sollte man sie live erleben: Eine gute Anlaufstelle für Konzerte ist die umgebaute Lagerhalle *The Go Down Arts Centre (Dunga Road | www.thegodownartscentre.com).* Dort wird immer etwas geboten.

FAKTEN, MENSCHEN & NEWS

AIDS

Die Immunschwäche ist in Kenia wie fast überall in Afrika ein großes Problem. Experten gehen davon aus, dass fast sieben Prozent aller erwachsenen Kenianer infiziert sind. Unter Risikogruppen ist die Rate viel höher: So wird geschätzt, dass vier von fünf (in Kenia in der Illegalität arbeitenden) Prostituierten infiziert sind. Kondome sind zwar fast überall erhältlich, aber verpönt. Am stärksten breitet sich die Immunschwäche heute aber innerhalb von Ehen und Partnerschaften aus. Die meisten Aidskranken sterben, wenn sie im Berufsleben stehen und eine Familie ernähren müssten. Vor allem auf dem Land übernimmt die Großelterngeneration die Pflege der Aidswaisen, deren Zahl auf über eine halbe Million geschätzt wird.

ARMUT

Obwohl die Wirtschaft in Kenia seit Jahren boomt und sich – zumindest in den größeren Städten – auch mehr und mehr eine solide Mittelschicht etabliert, lebt die große Mehrzahl der Kenianer nach wie vor in absoluter Armut. Viele der Mittellosen müssen mit nur wenigen Dollars am Tag über die Runden kommen, immer wieder ist die Inflationsrate in den vergangenen Jahren in den zweistelligen Bereich gestiegen – das trifft gerade diese Menschen besonders hart. Weil die Familien in den Slums nirgendwo sonst sparen können, hungern sie häufig. Im globalen Entwicklungsindex des UN-Entwicklungsprogramms UNDP belegt Kenia denn auch nur nur Platz 147 von 187.

 Bild: Maralal-Kamelfestival im Samburu-Nationalreservat

Exotische Vielfalt bei den Menschen und ihren Sprachen – mehr über Kikuyus, eine Nobelpreisträgerin und das Matatu

BEGRÜSSUNG

Während sich Erwachsene in Europa in der Regel die Hände schütteln, wird in Kenia eine besondere Betonung auf das Händeineinanderschlagen gelegt. Dabei begegnen sich die Hände leicht nach oben angewinkelt und mitunter so schwungvoll, dass es klatscht. Je nach Herzlichkeit der Begegnung wird der Griff beider Hände anschließend in andere Positionen mehrfach gewechselt. Zum Üben lohnen sich Hip-Hop-Videos, oder fragen Sie Ihre Kinder.

BEVÖLKERUNG

Kenia ist ein Vielvölkerstaat: Mehr als 40 Ethnien oder Stämme sind von der Regierung offiziell anerkannt. Englisch und Kiswahili sind die offiziellen Amtssprachen, je nach Ethnie sprechen die 45 Mio. Kenianer aber zusätzlich noch eine bzw. einen von mindestens dreißig weiteren Sprachen oder Dialekten. Die größte Volksgruppe sind die Kikuyu (16,5 %), deren Stammland das Hochland rund um den Mount Kenya ist. Es folgen die Luhya aus dem Westen

(13,5 %), Kalenjin aus dem Rift Valley (12,5 %), die Luo vom Viktoriasee (10 %) und die Kamba aus Kenias Südwesten (9,5 %). Immer mehr Kenianer gerade in den Städten entstammen Mischehen oder wollen sich keinem Stamm zurechnen lassen.

BIG FIVE

Die Großen Fünf, englisch *Big Five,* sind die Tiere, die den Großwildjägern von einst viel Gefahr, aber auch viel Ehr versprachen: Büffel, Löwe, Leopard, Elefant und Nashorn. Weil Jäger heute mit der Kamera anstatt mit dem Gewehr

Einer der illustren Big Five: der Leopard, ein begehrtes Fotomotiv

Die weltweit berühmteste Ethnie Kenias sind vermutlich die Massai, die bis heute farbenfroh gekleideten Nomaden aus der ostafri-kanischen Steppenlandschaft. Dabei machen Sie nur eine Minderheit der kenianischen Bevölkerung aus. Das besonders ausgeprägte Traditionsbewusstsein der Massai birgt ökonomische Nachteile. Junge Männer wurden und werden zum Teil noch für bestimmte Rituale verfrüht aus der Schule geholt. Sie haben später Schwierigkeiten, Abschlüsse anerkannt zu bekommen. Anderseits sind die Massai Touristenmagneten. So verkleiden sich an den Safari-Hotspots gerne auch andere ethnische Gruppen als Massai.

unterwegs sind, zählen viele eher den Gepard als den bis zu 800 kg schweren Büffel zu den Großen Fünf.

ICC

Jeder Kenianer kennt den Internationalen Strafgerichtshof in Den Haag, abgekürzt ICC. Dort müssen sich zzt. sechs Verantwortliche der politischen Unruhen verantworten, die das Land nach den Wahlen Ende 2007 erschüttert haben. Mehr als 1100 Menschen starben, als Führer beider politischer Parteien sich gegenseitig Wahlfälschung vorwarfen. Den mutmaßlichen Rädelsführern wird zur Last gelegt, die Ausschreitungen von langer Hand geplant und schon im Wahlkampf Angehörige unterschiedlicher Ethnien gegeneinander aufgehetzt zu haben. Die Unruhen, die erst nach einem Vierteljahr mit der Bildung einer Großen Koalition zu Ende gingen, haben das Land zerrissen und in Angst versetzt. Seit den Wahlen 2013 regiert eine Koalition aus ehemaligen Gegnern der Unruhen. Präsident Kenyatta und Vizepräsident Ruto sollten beide vor dem ICC angeklagt werden. Das Verfahren gegen Kenyatta wurde schließlich eingestellt. Innenpolitisch inszenierten die Betroffenen die Anklage als unzulässigen Angriff auf die Souveränität Kenias durch den Westen.

KENYA WILDLIFE SERVICE (KWS)

Sie schützen in den Nationalparks die Menschen vor den Tieren – und die Tiere vor den Menschen: Die grün uniformierten Ranger des *Kenya Wildlife Service (KWS)* sind die Männer und Frauen, die Wege instand halten, Gebühren kassieren und auch Wilderer verfolgen, die es in Kenia vor allem auf Elfenbein und Nashornhörner abgesehen haben. Die Zentrale der staatlichen Organisation liegt gleich am Nairobi-Nationalpark. Wer auf eigene Faust Nationalparks besuchen will, sollte hier vorbeischauen, um eine *Safari Card* zu erwerben, auf die elektronisch Geld für die Parkgebühren geladen wird. Damit soll die früher verbreitete Korruption bekämpft werden; an vielen Gates ist Barzahlung inzwischen nicht mehr möglich.

KORRUPTION

Korruption ist ein fester Bestandteil des kenianischen Alltags. Schlagzeilen machen aber meist nur die spektakulären Fälle der Großkorruption, die vor allem Politiker nutzen, um Staatsgelder zu veruntreuen. So flog 2010 der „Maisskandal" auf, in dem der Landwirtschaftsminister für Notleidende bestimmte Maisrationen mit Millionengewinn verkauft haben soll. Nur Tage später wurde bekannt, dass ebenfalls Millionen an Hilfsgeldern veruntreut wurden, die für die Förderung der Grundschulen im Land bestimmt waren. Und nicht einmal vor den Toten machen korrupte Politiker halt: Der Kauf des dringend benötigten neuen Friedhofs wurde auf Eis gelegt, weil einige Beamte und Minister kräftig mitverdienen wollten. Verhandelt werden solche Fälle vor Gericht nie, schließlich gilt auch die Justiz selbst als hochgradig korrupt. Selbst Mitglieder der Antikorruptionsbehörde haben immer wieder mit Korruptionsvorwürfen zu kämpfen. Den Alltag erschwert Kenianern die verbreitete Kleinkorruption. Polizisten, Beamte, Lehrer: Alle wollen *tea,* ein bisschen Extra, um ihre Arbeit zu erledigen. Selbst wenn man Sie offen danach fragt: Als Tourist sollten Sie niemals ein Bestechungsgeld zahlen, erst recht nicht von sich aus anbieten. Stellen Sie sich im Zweifel lieber dumm.

MATATU

Sie sind das Transportmittel des kleinen Mannes und selbst der Mittelschicht: die Kleinbusse, die an der Außenwand ein gelber Strich und die Route zieren und die auch noch die entlegensten Winkel des Landes erschließen. Meistens hört man die Matatus lange, bevor man sie sieht: Aus der geöffneten Tür hängt der *tout* genannte Kassierer, der durch permanentes Rufen Fahrgäste in sein Matatu locken will. Matatus sind lange nicht mehr so klapprig, wie ihnen nachgesagt wird, auch wenn Bemühungen, die Gefährte wirklich sicher zu machen, weitgehend gescheitert sind. Theoretisch sollte jeder Mitfahrer einen eigenen Platz mit Sicherheitsgurt haben; vor allem auf dem Land ist das aber selten der Fall. Dazu kommt, dass die Fahrer rücksichtslos rasen und sich auch an den unmöglichsten Stellen durchdrängeln – je schneller sie die Route zurücklegen, desto mehr Geld verdienen sie nämlich. An den fast täglich vorkommenden tödlichen Unfällen ist deshalb meist zumindest ein Matatu beteiligt.

POLYGAMIE

Die Vielehe hat in Kenia besonders in bestimmten ethnischen Gruppen eine lange Tradition, auch wenn die große Mehrheit der Kenianer heute anders lebt. Aufsehen erregte ein Gesetz, das das Parlament 2014 verabschiedete. Mit den Stimmen der männlichen Mehrheit wurde es Männern ausdrücklich erlaubt, eine beliebige Anzahl an Frauen heiraten zu dürfen. Vor allem aber wurde festgelegt, dass Frauen künftig keinen Widerspruch mehr gegen weitere Ehen ihres Mannes einlegen können. Für viele moderne Kenianerinnen ein Affront. Die weiblichen Abgeordneten verließen das Parlament vor der Verabschiedung des Gesetzes mit wütendem Protest.

RELIGION

Glaube ist in Kenia eine ernste Angelegenheit: Dass es Menschen gibt, die an gar nichts glauben – wie es in Europa ja häufig vorkommt –, versteht kaum jemand hier. Gut zehn Prozent der Kenianer sind Muslime, die meisten von ihnen leben an der Küste oder im Norden des Landes. Achtzig Prozent haben sich in der Volkszählung von 2009 als Christen bezeichnet, wobei evangelikale Kirchen (sogenannte Pfingstkirchen) die am stärksten wachsende Anhängerzahl haben. Nur knapp über zwanzig Prozent der Kenianer sind Katholiken. Die Mehrheit der indischstämmigen Minderheit sind Hindus, und knapp 15 Prozent der Kenianer geben an, Naturreligionen zu

Bitte einsteigen: Matatus warten in Mombasa auf Passagiere

folgen – viele von ihnen sind zugleich Mitglied einer christlichen Kirche (deswegen ergibt sich durch Doppelnennungen eine Gesamtsumme von über 100 Prozent). Egal, welcher Kirche man angehört: Der Sonntag ist für den Gottesdienst reserviert, der gerade für die armen Bevölkerungsschichten auch das größte soziale Event der Woche ist. Der Gottesdienst kann mehrere Stunden dauern, und wird gefolgt von einem fröhlichen Zusammensein, das bis zum Sonnenuntergang anhält.

SAFARI

Auf Kiswahili bedeutet Safari schlicht „Reise" – wundern Sie sich deshalb nicht, wenn Ihnen beim Auschecken aus einem Hotel *Safari njema*, „gute Reise", gewünscht wird. Doch gerade in Kenia bedeutet Safari natürlich längst viel mehr: Für viele Urlauber ist sie schlicht die Erfüllung eines Traums. Nächte unter dem funkelnden Sternenhimmel, wilde Tiere, unbekannte Geräusche und exotische Gerüche mitten in der Wildnis, deren Vielfalt man auf den Game Drive genannten Pirschfahrten entdecken kann. Wer nach Kenia kommt, sollte mindestens eine Safari unternehmen. Wer die Tierwelt in ihrer ganzen Pracht beobachten will, muss allerdings früh aufstehen: Noch vor dem Sonnenaufgang werden Sie geweckt, meist mit einem Kaffee und einem Keks. Dann geht es im Geländewagen los. Ein Schimmern von Sonnenstrahlen am Horizont reicht, und die nächtliche Stille ist plötzlich vorbei. Vögel zwitschern, Affen rufen, und die Savanne erwacht zum Leben. Löwen gähnen dem neuen Tag entgegen, Antilopen und Giraffen beginnen ihre täglichen Wanderungen, und Leoparden kehren von der nächtlichen Jagd in den Schutz eines Baums zurück. Wenn nach ein paar Stunden die Sonne hoch am Himmel steht und die Tiere im Dickicht Schutz vor der Hitze suchen, geht es zum Frühstück und zu einer Siesta zurück ins Camp. Der nächste Game Drive lohnt erst wieder am Nachmittag, wenn es kühler wird – dann ist man bis zur Dämmerung unterwegs. Hobbyfotografen können sich freuen, denn während das äquatoriale Tageslicht die Bilder flach und kontrastarm macht, verschaffen Morgen- und Abendlicht den Landschaften und der Tierwelt eine wunderschöne Stimmung.

SOMALIA

Seit 1991 hat Kenias Nachbarstaat im Nordosten keine funktionierende Regierung mehr. Während früher das Prinzip der Nichteinmischung galt, ist Kenias Armee 2011 erstmals in Somalia einmarschiert. Sie unterstützt damit die international anerkannte Übergangsregierung, die gegen die radikalislamische Shabaab-Miliz und andere militante Gruppen nahezu hilflos war. Die Shabaab-Miliz hat dafür Kenia den Krieg im eigenen Land erklärt und einige kleinere und größere Anschläge verübt. Im September 2013 z.B. wurden beim Anschlag auf das Westgate Einkaufszentrum in Nairobi 67 Menschen getötet. Es drohen auch innenpolitische Konflikte: Über zwei Millionen Somalier leben derzeit in Kenia. Viele von ihnen sind Flüchtlinge, Andere in zweiter oder dritter Generation dort zu Hause, teils mit kenianischen Pass. Eastleigh, ein Stadtteil von Nairobi, wird gleichermaßen liebevoll wie ängstlich schon *Little Mogadishu* genannt, weil er praktisch von Somalis kontrolliert wird. Weitere Hunderttausende Flüchtlinge leben in den Lagern Dadaab und Kakuma im Norden des Landes. Viele Somalis haben zudem Clanverwandtschaften, die über die von den Kolonialisten willkürlich gezogene Grenze in den Nordosten Kenias reichen.

ESSEN & TRINKEN

Vegetarier haben es in Kenia nicht leicht: Nichts lieben Kenianer im Binnenland mehr als Fleisch, das Nationalgericht heißt schlicht *Nyama choma* – geröstetes Fleisch, meist von Rind, Hammel oder Ziege (Letzteres wird von Kenianern bevorzugt).

An der Küste gehören ***Fisch und Meeresfrüchte*** zum festen Speiseplan, dazu gibt es Reis, der traditionell in Kokosmilch gekocht und mit Koriander gewürzt wird. *Pilau,* ein Reiseintopf mit Zimt, Kardamom und Fleischstücken, ist dort ebenfalls beliebt. Hummer ist eine Spezialität auf Lamu, wobei es sich eigentlich um eine Langustenart handelt, die dem Hummer aber sehr ähnelt. Krebse und Krabben sind ebenfalls wohlschmeckend. Zu den beliebtesten Fischen gehören der Rote Schnapper *(red snapper)* aus dem Indischen Ozean und Tilapia aus dem Viktoriasee. Fleisch ist von erstklassiger Qualität, das Steak sollte aus hygienischen Gründen aber dennoch eher durchgebraten *(well done)* als medium bestellt werden.

Vegetarier halten sich am besten an die ***indischen Restaurants***, von denen es dank der großen Minderheit im Land sehr viele gibt. Auf den Karten stehen vegetarische *Massalas* (Currys) ebenso wie *Paneer* (ein vielfältig zubereiteter, gekochter Käse) und *Dal* (Linseneintopf). Dazu werden Reis oder die *Nan* oder *Roti* genannten Fladenbrote serviert. Natürlich ist die indische Küche nicht auf Gemüsegerichte beschränkt: Hühnchen, Fisch und Fleisch gibt es ebenso.

Bild: afrikanisches Büfett im Diani Reef Hotel, Mombasa

Saftige Steaks von bester Qualität und an der Küste köstliches Meeresgetier jeder Art, frisch aus dem Indischen Ozean

Während Salat quasi unbekannt ist, ist das Angebot an frischem ***Obst*** schier endlos. Mit der Ware, die auf dem Weg im Schiff oder im Flugzeug nach Europa praktisch jedes Aroma verloren hat, sind Kenias Früchte nicht vergleichbar. Was hier verkauft wird, kommt ***frisch vom Baum*** und ist dort bis zur letzten Minute gereift: Passionsfrucht, deren Schale möglichst schwarz und zerknittert aussehen sollte und die dann ausgelöffelt wird; Mango in diversen Sorten (besonders wohlschmeckend: die etwas säuerliche Applemango); die kleinen, besonders süßen afrikanischen Bananen; die frische Papaya, die am besten mit einem Spritzer Zitronensaft genossen wird. Ananas sind aromatischer und nicht so zuckersüß wie die in Deutschland erhältlichen Exemplare, die meist aus Westafrika stammen. Einmalig für Afrika: In Kenia gibt es sogar einheimische Äpfel, weil die Temperaturen im Hochland tief genug sinken. Etwas anders genießen Kenianer die meist grün geernteten Orangen: Anstatt sie zu schälen, werden

SPEZIALITÄTEN

Kachumbari – Wenn Kenianer „scharf" sagen, dann meinen sie auch scharf – vor allem bei dieser Sauce, die gern zu Fleisch- oder Fischgerichten gereicht wird

Matoke – Brei aus Kochbananen, der vor allem im Westen Kenias gegessen wird. Kochbananen gibt es (sehr wohlschmeckend) auch in Scheiben geschnitten und frittiert als *Banana Chips* – eine gute Alternative

Nyama Choma – Kenias Nationalgericht heißt übersetzt „geröstetes Fleisch", und genau das ist es auch. Für Touristen wird Rindfleisch geröstet, Kenianer bevorzugen Ziege *(mbusi)*, Hammel oder Hühnchen. Außer frischem Meersalz wird zum Nyama Choma *Ugali* (s. u.) genossen

Piri Piri – Häufig fragt der Kellner, ob Sie Piri Piri mögen. Wenn Sie ja sagen, müssen Sie damit rechnen, dass Ihr Gericht wirklich scharf daherkommt – so mögen es Kenianer. Alternativ werden Ihnen frische oder eingelegte Chilischoten zum Nachschärfen an den Tisch gebracht

Samosas – Frittierte Teigtaschen, gefüllt mit Fleisch oder Gemüse. Gerade an der Küste sind sie als Snack weit verbreitet und – zumindest, wenn sie frisch sind – auch äußerst lecker (Foto li.)

Sukuma Wiki – Sukuma ist eine Art Mangold, der – je nach Möglichkeit – mit Tomaten, Chili und Fleischstückchen serviert wird. Ursprünglich galt er als Arme-Leute-Essen: Wer sich zum Monatsende nichts anderes mehr leisten konnte, griff notgedrungen zu Sukuma (wörtlich „Zieh die Woche hin")

Swahili-Fisch – An der Küste erhältliches Fischgericht, bei dem der Fisch (meistens Schnapper) gebraten und mit einer Marinade aus Kokosmilch, Ingwer und Zitronensaft gewürzt wird. Dazu gibt es den ebenfalls in Kokosmilch gekochten Swahilireis (Foto re.)

Ugali – Der geschmacksneutrale Brei aus (weißem) Maismehl ist das Hauptnahrungsmittel der meisten Kenianer. Das fein gemahlene Mehl wird in kochendes Wasser gerührt, bis es pappig ist. Mit der Hand wird Ugali dann genutzt, um die Beilagen (je nach Vermögen Fleisch, Fisch oder Gemüse) aufzunehmen. Auch wenn der Brei gewöhnungsbedürftig ist: Probieren Sie ihn mindestens einmal; inzwischen wird Ugali selbst in den meisten Touristenhotels angeboten

die Zitrusfrüchte in Achtel geteilt und ausgezutzelt.

Ein Satz zur Hygiene: Generell gilt die Regel **„Koch es, schäl es oder vergiss es!“** Rohkost oder in Touristenhotels manchmal erhältliche Salate bergen das größte Risiko, Bakterien zu übertragen, die den Magen und damit den Urlaub verderben können.

Der Tag beginnt für die meisten Kenianer mit einem *Chai,* dem **in Milch aufgekochten, starken Tee** mit so viel Zucker wie möglich. Dazu gibt es *Mandazi* (eine Art Krapfen) oder *Chapati,* dünne, sehr wohlschmeckende Teigfladen. Wer es sich leisten kann, der frühstückt wie einst die britischen Kolonialherren: Ei, Speck, Würstchen und Baked Beans gehören zu den Standards, dazu gibt es Toast, der stilecht nicht mit Butter, sondern mit *Blue Band* (einer speziell für die Tropen erfundenen Margarine) bestrichen wird. „Deutsches“ Brot ist selten und gibt es allenfalls bei speziellen Bäckern in Nairobi oder Mombasa. Für die Kenianer gilt: je weicher ein Brot, desto besser.

In den vergangenen Jahren hat sich **Kaffee** in Kenia zu einem Lifestylegetränk entwickelt. In Nairobi gibt es zahllose Kaffeebars, in denen Latte macchiato noch zu den gewöhnlichsten Kreationen zählt. Unter den jungen, hippen Kenianern hat der einst ungeliebte Kaffee das Traditionsgetränk Tee abgelöst. Anders auf dem Land und an der Küste: Wer auf seine tägliche Ration Kaffee nicht verzichten kann, sollte sich auf das Schlimmste gefasst machen und für Notfälle ein Päckchen Instantkaffee (gut ist die kenianische Marke *Dormans*) einpacken.

Das mit Abstand beliebteste Getränk der Kenianer ist indes **Bier**. *Tusker* und das etwas stärkere *Tusker Malt* sind die beliebtesten Marken, auch *Whitecap, Pilsner* und das billigere *Senator* sind überall im Land zu haben – in britischer Tradition warm. Wer ein kaltes Bier möchte, sollte auf Swahili *baridi* hinzufügen. In Nairobi bekommt man außerdem das besonders wohlschmeckende *Sierra* (blond, rotblond oder dunkel), ein nach deutschem Reinheitsgebot gebrautes Bier. **Wein** er-

Bei der Herstellung von Ugali helfen alle mit

freut sich zunehmender Beliebtheit und kommt im Regelfall aus Südafrika. Kenianischer Weißwein aus Naivasha und die Mara-Weine (rote und weiße Verschnitte aus südafrikanischer Ernte) sind trinkbar, mehr aber nicht.

Eine besondere Spezialität an der Küste sind die INSIDER TIPP jungen, grünen Kokosnüsse, die im Gegensatz zu den in Europa erhältlichen braunen viel köstliches Fruchtwasser (Kokosmilch) enthalten. Nach dem Trinken schabt der Verkäufer das weiche Fruchtfleisch mit einem Stück der **Kokosnuss** so geschickt heraus, dass man es bequem essen kann. Der perfekte Snack! Auch geröstete Cashewnüsse bieten Straßenhändler überall an der Küste an.

EINKAUFEN

An Souvenirs kommen Sie in Kenia nicht vorbei. Ob Praktisches oder Schönes, Traditionelles oder Modernes: Auf Kenias Märkten und in den Souvenirläden *(meist Mo–Fr 10–18, Sa 10–14 Uhr)* ist für jeden etwas dabei. Anders als in den Läden müssen Sie auf Märkten und bei Straßenhändlern um den Preis feilschen. Das Startangebot ist oft vier- oder mehrfach höher als die Summe, auf die man sich zum Schluss einigt. Nennen Sie als Antwort aufs erste Gebot einen viel zu niedrigen Preis, und langsam werden Sie sich aufeinander zubewegen. Achtung: Wenn Sie einem Preis einmal zustimmen, ist der Handel abgeschlossen, nachverhandeln gilt nicht. Zahlen Sie für einen Gegenstand niemals mehr, als er Ihnen wert ist, dann können Sie mit dem Handel auf jeden Fall zufrieden sein.
Verboten ist die Ausfuhr von tierischen Produkten, dazu gehören Korallen und große Schnecken oder Muscheln. Lassen Sie sich nicht zum Kauf überreden, mit dem Beschaffen dieser „Souvenirs" zerstören Händler gnadenlos die Natur.

GLAS

Schöner kann man leere Bier- und Weinflaschen wirklich nicht recyceln: Bei ● INSIDER TIPP *Kitengela* gibt es Gläser, Krüge, Windspiele, Skulpturen, Mosaike und vieles mehr aus Glas, das aus eingeschmolzenen Glasabfällen frisch geblasen worden ist. „Buschglas" nennt die deutsch-kenianische Künstlerin Nani Croze diese Produkte: Alles ist absichtlich ein bisschen krumm und schief, kein Produkt wie das andere. Besuchen Sie die Künstlerin auf dem phantasievoll gestalteten Gelände am Stadtrand von Nairobi *(Mo–Sa 8–17, So 11–16 Uhr | Magadi Road | Kitengela | www.kitengelaglass.co.ke)*. Verkauf auch im *Village Market (Gigiri)* und in *The Junction (Ngong Road);* alles wird auf Wunsch flugtauglich verpackt.

KUNSTHANDWERK

Bunt und typisch kenianisch sind die Hals- und Armbänder, die Massai aus bunten Perlen und Knöpfen fertigen. Aus Sisal geflochtene Körbe, *Kiondos,* sind schön und praktisch zugleich. Schnitzereien sind überall zu finden: aus Holz, das oft schwarz gefärbt wird, um es wie seltenes Ebenholz aussehen zu lassen, oder aus Speckstein. Tiermotive sind beliebt; ebenso gibt es Schalen, Kopfstützen, Kistchen und andere Gebrauchsgegenstände. Kenianisch und besonders beliebt

Kiondos, Kangas & Co: Holzschnitzereien und Schmuck, Tücher und Gebrauchsgegenstände – kunstvoll, dekorativ und originell

sind die ein Meter hohen Giraffen aus Holz, die entgegen allen Beteuerungen nicht als Handgepäck zugelassen sind! Aus Draht geflochtenes Spielzeug (Autos, Flugzeuge und mehr), eine Idee aus Westafrika, bekommen Sie auf der Straße oder in der *Banana Box (Sarit Centre | Westlands)*.

MODE & SCHMUCK

Bunt bedruckte und bestickte, qualitativ hochwertige T-Shirts gibt es bei *Oneway (in Nairobi im Sarit Centre | Westlands; Village Market | Gigiri; Yaya-Centre | Milimani)* – auf Wunsch auch aus Öko-Baumwolle. Besonders beliebt: T-Shirts mit dem Logo von Kenias berühmtester Biermarke *Tusker.* Außerdem im Angebot: Handtücher, Bademäntel, Rucksäcke und Kulturbeutel aus dem dick gewebten und bunt gestreiften, von der Küste stammenden Kikoy-Stoff. Kanga-Tücher, versehen mit einem auf Swahili verfassten Spruch, sind vielseitig verwendbare Mitbringsel. Meist luftige Sommermode von Kenias auch international erfolgreichen Modeschöpfern gibt es im *Crea House (Upper Lower Kabete Road, Ecke Kirawa Close)*. Den passenden Schmuck designt die aus Deutschland ausgewanderte INSIDER TIPP *Marie-Rose Iberl (Maro Designs | Tel. 0733 73 64 45 | www.maro-designs.com)*, die in ihren Ketten und Ohrringen aus Naturmaterialien geschickt Tradition und Moderne zusammenbringt.

MUSIK

Kenias Musikszene boomt: Nicht nur lokaler Rap und Jazz, auch der lokale Bongo Flava und hörbarer Pop werden mittlerweile auf CD gepresst. Die größte Auswahl gibt es in Mediastores im *Junction (Ngong Road)* und in den Textbookcentern im *Village Market (Gigiri)* und im *Sarit Center (Westlands)*. Zu den großen Stars gehört Popsänger und Musicalkomponist Eric Wainaina.

DIE KÜSTE

400 km Traumstrand: So weit reicht Kenias Küste vom Lamu-Archipel im Norden bis zur tansanischen Grenze im Süden. An den meisten Stellen flacht der Strand nur ganz seicht zum Meer hin ab bis zu den Korallenriffen, an denen auch Anfänger mit dem Schnorchel eine bunte Tierwelt erforschen können. Im Hinterland, wo früher dichter Regenwald stand, wachsen heute Baobabs, die knorrigen Affenbrotbäume, Ananas, Kokospalmen und Sisal. Durch die Äste schwingen sich Colobusaffen.

Kenias Küste gehört zu den beliebtesten Urlaubszielen des Landes. Hochsaison sind die Monate Dezember und Januar sowie Juli und August. In der Regenzeit, vor allem im April/Mai, haben viele Hotels geschlossen. Taucher müssen in dieser Zeit mit schlechten Sichtverhältnissen rechnen, auch wenn es meist erst ab dem späten Nachmittag regnet. Generell gilt: Hotels der Touristenklasse sind mit allem Komfort ausgestattet, den Urlauber aus Europa kennen. Auf der Speisekarte steht meist ausgezeichnetes Essen, vor allem Fisch und Meeresfrüchte, die erst Stunden zuvor von Fischern aus dem Meer gezogen wurden. Wer nicht die ganze Zeit am Strand liegen will, hat die volle Auswahl: Golf steht ebenso im Angebot wie Tennis, Bootsfahrten, Hochseeangeln und natürlich Wellness in allen Facetten. Wofür auch immer Sie sich entscheiden, nehmen Sie sich Zeit. Nicht umsonst lautet das Lebensmotto an der Küste „pole pole“: Lass es langsam angehen!

 Bild: Diani Beach

Sonne, Palmen und einsame Inseln, weißer Sand und leuchtendes Meer: An Kenias Stränden werden Urlaubsträume wahr

LAMU-ARCHIPEL

(139 D4–5) (*P9*) ★ **Im äußersten Nordosten Kenias liegt verträumt ein Inselparadies. Lamu, die touristisch erschlossenste Insel des Archipels, ist geprägt vom Islam, einer jahrtausendealten Geschichte und Traditionen.**

Männer tragen hier den traditionellen Kanzu, das weite, weiße Gewand; die Frauen sind schwarz verschleiert. Auf der Insel gibt es nur ein (Polizei-)Auto, die Menschen bewegen sich zu Fuß fort und laden ihre Lasten auf Esel. Den Geburtstag des Propheten Mohammed feiern die Muslime auf der Insel alljährlich mit großen Prozessionen, zu denen Tausende Glaubensbrüder aus der ganzen Welt angereist kommen.

Einst war Lamu einer der reichsten Handelsposten der ganzen Küste, vor allem im 19. Jh., als das omanische Herrscherhaus die Insel kontrollierte und von hier

Elfenbein und Sklaven nach Arabien verschiffte. Die alte Steinstadt Lamus ist seit 1987 Unesco-Weltkulturerbe und steht unter Schutz. Für die Bewohner selbst bringt das allerdings Probleme mit sich, denn die erforderlichen Renovierungen können sie sich oft nicht leisten. So kaufen immer mehr Expats und Ausländer ihre Häuser auf. Noch ist der Charme Lamus aber ungebrochen. Das könnte sich ändern, wenn die Regierung und die Finanziers trotz vehementer Proteste daran festhalten sollte, vor Lamu einen Tiefwasserhafen zu bauen.

Auf Lamu und Manda sind mehrmals Touristen entführt worden. Die kenianischen Behörden gehen davon aus, dass es sich bei den Tätern um Islamisten aus Somalia handelte. Obwohl es zuletzt längere Zeit keine Entführungen mehr gab, haben Anschläge auf dem benachbarten Festland den Tourismus Lamus schwer in Mitleidenschaft gezogen. Vor einer Reise nach Lamu ist es ratsam, sich auf den Seiten des Auswärtigen Amts über aktuelle Reisewarnungen zu informieren.

Der Alltag von Lamu Town (Stone Town) ist islamisch geprägt

SEHENSWERTES

DONKEY SANCTUARY

Im Esel-Tierheim kümmern sich Tierschützer um die alten, kranken und misshandelten der rund 3000 Esel, die auf Lamu leben. *Tgl. 9–13 Uhr | Spenden erwünscht | am nördlichen Ende von Lamu Town*

LAMU TOWN (STONE TOWN)

In den engen Gassen zwischen den weiß gekalkten Häusern und dem Strand, wo jeden Morgen nach dem Gebet die Fischer in ihren Dhows ablegen, scheint die Zeit stehen geblieben zu sein. Trotzdem ist *Lamu Town,* auch *Stone Town* genannt, das traditionelle Zentrum Lamus. Die engen Steingassen bieten selbst mitten am Tag Schutz vor der heißen Sonne. Im Zentrum steht das *Alte Fort* von 1809, das wegen seiner schweren Mauern schon von den Briten als Gefängnis genutzt wurde (fotografieren verboten!). In den sich anschließenden Gassen lohnt es sich besonders, die kunstvoll geschnitz-

ten Türen zu betrachten, für die die Insel berühmt ist. Auch Balkone und Fenster sind oft auf diese Weise prächtig dekoriert. Über Mittag schließen die meisten der kleinen Geschäfte, in denen Handwerker bis heute ihren Gewerken nachgehen. Ab dem Nachmittag versammeln sich Bewohner und Besucher gleichermaßen am Pier, um eine kühle Brise und Kaltgetränke zu genießen.
Einen guten Überblick über die Geschichte der Insel vermittelt das *Lamu Museum (tgl. 8–18 Uhr | Eintritt ca. 5 Euro)* in einem zweistöckigen Swahilihaus gleich neben dem Anleger. Vom Dach kann man die Altstadt überblicken.

SHELA

Gut eine halbe Stunde Fußmarsch (nur bei Ebbe) oder eine zehnminütige Fahrt mit dem Boot-Sammeltaxi von Lamu Town entfernt liegt Shela, ein ruhiges Fischerdorf, das rund um die Freitagsmoschee, die älteste Moschee der Insel von 1829, erbaut wurde. Hier hat die Zahl der Unterkünfte in den vergangenen Jahren deutlich zugenommen. Von Shela aus ist es nicht weit zum Strand, der allerdings keinen Schatten bietet – ein Sonnenbad empfiehlt sich deshalb nur außerhalb der prallen Mittagshitze.

ESSEN & TRINKEN

INSIDER TIPP HAPA HAPA

Höchst relaxte Lamu-Institution mit frischem Fisch und Hummer (Lamu-Hummer ist eine Langustenart) zu günstigen Preisen. Die große Auswahl von Fruchtsäften (Empfehlung: *Tamarind-Passion*) ist einmalig. *Lamu Town | Waterfront |* €

PETLEY'S INN

Einziges „Wasserloch" in Lamu Town, wo sonst kein Alkohol ausgeschenkt wird. Wenn die Sonne untergeht, ist die Terrasse deshalb stets gut gefüllt. *Lamu Town | Waterfront |* €€

WHISPERS

Wer Lust auf einen echten Kaffee oder auf ein Eis hat, der ist im begrünten Hinterhof des Cafés richtig. Dazu gibt es selbst gebackenen Kuchen, frisch gepresste Säfte und Mittagessen (Swahili-Küche). Zum Anwesen gehört ein gehobener Souvenirladen, die *Gallery Baraka,* die auf jeden Fall einen Besuch lohnt. *Lamu Town | Harambee Avenue |* €€

MARCO POLO HIGHLIGHTS

★ **Diani Beach**
Kenias Traumstrand, ideal für Schnorchler, Sonnenanbeter und Familien → S. 47

★ **Lamu-Archipel**
Vergessenes Inselparadies: Hier scheint die Zeit stehengeblieben zu sein → S. 33

★ **Dhow-Fahrten**
Traumschiff auf kenianisch: eine Fahrt im traditionellen Segelboot der Swahili vor Lamu → S. 36

★ **Gedi National Monument**
Geheimnisvolle Ruinen aus dem 13. Jh. → S. 38

★ **Watamu**
Anglerträume werden wahr: Schon Hemingway ging in Watamu fischen → S. 39

★ **Tamarind**
Die frischesten Meeresfrüchte im ganzen Land, Panoramablick über den alten Hafen inklusive → S. 42

FREIZEIT & SPORT

DHOW-FAHRTEN ★ ●

Jedes Hotel auf Lamu kann einen Kapitän vermitteln, der Sie auf große Fahrt um die Insel mitnimmt – ein einmaliges Erlebnis. Die Dhow ist ein besonderes Boot: Ihr Segel ist an nur einem Quermast befestigt. Bläst der Wind ordentlich ins Segel, muss der Bootsmann auf einem über Bord liegenden Brett Gegengewicht geben. Bei starkem Wind sind auch die Passagiere gefragt. Trinkwasser, Sonnencreme und Hut mitnehmen! Zu den angebotenen Touren gehören Fahrten in die Creeks von *Manda* mit anschließendem Fischbarbecue am Strand oder eine Fahrt zu den Ruinen von *Takwa,* die allerdings nur erreichbar sind, wenn die Gezeiten stimmen.

INSEL-RUNDTOUR

Wer einen Tag Zeit hat, sollte unbedingt eine Inselrundtour mit der Dhow ausprobieren. An Shela vorbei geht die Fahrt bis zum Riff, wo man tauchen kann. An dieser Stelle ist das Meer meist besonders aufgewühlt, wird aber wieder ruhiger, wenn man landeinwärts auf Kipungani zuhält. Hier kann man eine Pause im exklusiven Kipungani-Explorer-Club einlegen. Auf der gegenüberliegenden Seite des Kanals liegt das dicht mit Mangroven bewaldete Festland. Weiter geht die Fahrt, vorbei an Matondoni, wo früher die meisten Dhows gebaut wurden. Parallel zur Anlegestelle am Festland fährt der Kapitän zum letzten Mal eine Kurve bis nach Stone Town.

SURFEN

Das *Peponi Hotel* verleiht am Strand von Shela Surfbretter und bietet auch Anfängerkurse an.

ÜBERNACHTEN

INSIDER TIPP BANANA HOUSE

Der großzügige, luftige Swahilibau in Naturbauweise liegt nur 50 m vom Strand

Segeln ohne Schnickschnack: traditionelle Dhow vor Lamu

entfernt und kann entweder zimmerweise (einige haben Meerblick!) oder als Ganzes gemietet werden. Zum Haus gehören ein Pool und ein Wellnesszentrum, in dem Massagen und Yoga angeboten werden. *16 Zi. | Shela | Tel. 0721275538 | www.bananahouse-lamu.com | €€*

STOPOVER GUEST HOUSE

Einfaches, aber schönes, direkt am Wasser gelegenes Hotel. Es gibt verschiedene Balkonzimmer mit Meerblick, ein Penthouse und im Erdgeschoss ein Restaurant mit Swahili-Küche. *6 Zi. | Tel. 0738710514 | stopoverguest_restaurant@yahoo.com | €*

LAMU HOUSE

Zwei wundervoll restaurierte und frisch weiß getünchte Lamu-Häuser mit Dachterrasse, von der man einen einmaligen Blick über die labyrinthartige Steinstadt von Lamu genießen kann. Zum Dekor des Hotels gehören zahllose antike Gegenstände, die vermischt mit moderner Kunst eine ganz eigene Atmosphäre erzeugen. *10 Zi. | Lamu Sea Front | Lamu Town | Tel. 0708073164 | www.lamuhouse.com | €€*

PEPONI HOTEL

Bestes Hotel am Platz und (außer *Petley's Inn* in Lamu Town) der einzige Platz auf der Insel, wo Alkohol ausgeschenkt wird. *29 Zi. | Shela | Tel. 0722220382 | www.peponi-lamu.com | €€€*

ZIEL IN DER UMGEBUNG

MANDA ISLAND (139 D4–5) (*N P9*)

Manda ist für viele Urlauber das Erste, was sie bei einem Lamu-Urlaub sehen, denn Lamus Flughafen, der mehrmals täglich von Nairobi aus angeflogen wird, liegt auf der kleinen, der Hauptinsel gegenüberliegenden Insel. Boote bringen die Urlauber nach Lamu. Manda selbst wurde erst in den vergangenen Jahren für Touristen geöffnet. Die Resorts hier sind teuer, u. a. deshalb, weil jeder Tropfen Trinkwasser mit dem Boot nach Manda gebracht werden muss. Tagesausflüge zum Strand von Manda sind mit der Dhow ebenso möglich wie ein Besuch der Ruinen der Swahili-Siedlung *Takwa.*

MALINDI

(143 F2) (*N N11*) **Die Geschichte Malindis reicht bis ins 13. Jh. zurück. Der portugiesische Seefahrer Vasco da Gama landete 1498 in Malindi, woran ein Denkmal erinnert. Bis Ende des 19. Jhs. blühte zudem der Sklavenhandel. Heute steht auf dem ehemaligen Sklavenmarkt die imposante Freitagsmoschee, und die Stadt lebt überwiegend vom Tourismus.**

Zur Hochsaison fallen italienische Pauschaltouristen in riesige Hotelanlagen ein, denen man aber entgehen kann. Malindis Strände sind meist leerer als die an der Nord- und Südküste, dafür färbt sich das Wasser in der Regenzeit häufig rot, wenn der Galana-Fluss (ungefährlichen) Schlamm aus dem Inland an die Küste spült. Außerhalb der Hochsaison sind viele Hotels geschlossen. Ein Hauptanziehungspunkt in Malindi ist die Vielfalt an sportlichen Aktivitäten: In praktisch jedem Hotel werden Windsurfing, Reiten, Tennis, Schnorcheln, Tauchen und Hochseeangeln angeboten.

ESSEN & TRINKEN

I LOVE PIZZA

Viel besser als der Name vermuten lässt: original italienische Pizzen und Nudelgerichte zu günstigen Preisen. *Mama Ngina Road | Tel. 0422120672 | €*

THE OLD MAN AND THE SEA

Das wohl beste Restaurant der Stadt liegt gleich neben dem Bootsanleger. *Mama Ngina Road | Tel. 04 22 13 11 06 | €*

ÜBERNACHTEN

INSIDER TIPP CHE SHALE

Eine halbe Stunde nördlich von Malindi an einem einsamen Strand liegt diese elegant designte Oase, die nur aus Naturmaterialien gestaltet ist. Geschlafen wird in Makuti-Hütten *(Bandas)*, auf den Tisch kommen Meeresfrüchte und mediterran angehauchte Gerichte. Sportliche Gäste können zudem lernen, wie Kitesurfing funktioniert – ein Lenkdrachen zieht dabei den Kitesurfer auf einem Surfbrett in rasantem Tempo übers Meer. *9 Zi. | Tel. 0722 23 09 31 | www.cheshale.com | €€*

DRIFTWOOD BEACH CLUB

Eine der ältesten und bis heute schönsten Hotelanlagen Malindis. Die kleinen Cottages mit Meerblick am Silversands Beach haben Charme, und das Rauschen der Brandung wiegt die Gäste in den Schlaf. *35 Zi. | Tel. 07 21 72 44 89 | www.driftwoodclub.com | €€*

KILILI BAHARINI RESORT & SPA

Resort aus 1001 Nacht unter italienischer Leitung mit großzügigen Zimmern und vorzüglichem Strand. *35 Zi. | Tel. 07 70 20 65 00 | www.kililibaharini.com | €€*

ZIELE IN DER UMGEBUNG

ARABUKO SOKOKE FOREST

(143 E2) *(N12)*

Seltene Vogelarten, Schmetterlinge und Reptilien können in diesem eine halbe Stunde von Malindi entfernten Küstenregenwald (einem der letzten der Region) beobachtet werden. Begleitet von einem Wildhüter (gegen Trinkgeld, KWS-Station am Parkeingang) können Sie in der angenehmen Kühle ausgedehnte Wanderungen auf dem gut ausgebauten Wegenetz unternehmen. *Mombasa Road, zwischen Kilifi und Malindi | Eintritt 25 US $*

GEDI NATIONAL MONUMENT ★

(143 F2) *(N12)*

Die Ruinen der afrikanisch-arabischen Stadt *Gedi*, gut 20 Min. von Malindi entfernt und vermutlich Ende des 13. Jhs. gebaut, geben Archäologen bis heute Rätsel auf. Im dichten Dschungel erheben sich die Reste dicker Mauern einst prächtiger Paläste, Moscheen und Häuser. Warum wurden sie gebaut, und warum wurde die Stadt offenbar überstürzt aufgegeben? Fragen, über die man bei dem eindrucksvollen Rundgang unweigerlich nachdenkt. Die Geschichte der Swahili, die hier vermutlich lebten, reicht mehr als ein Jahrtausend zurück. Araber, Inder, Türken und Chinesen handelten mit den Küstenvölkern Kenias, lange bevor das Landesinnere von Außenstehenden betreten wurde. Sprache, Kultur und Religion der hiesigen Bevölkerung wurden in dieser Zeit geprägt. *Tgl. 7–18 Uhr | Eintritt ca. 5 Euro, Führung ca. 5 Euro | Mombasa Road*

KIPEPEO BUTTERFLY FARM

(143 F2) *(N12)*

Schmetterlingsfarm gleich neben den Gedi-Ruinen. Hier werden Larven aus dem Arabuko-Sokoke-Reservat zu Schmetterlingen gezogen – mehr als 260 Arten, manche davon gibt es nur hier. *Tgl. 8–17 Uhr | Eintritt ca. 2 Euro | www.kipepeo.org*

MARINE NATIONAL PARKS

(143 E–F2) *(N11–12)*

Vor Malindi und Watamu liegen die nach den Städten benannten Marine National

Ruine aus arabischer Vergangenheit: Gedi National Monument

Parks *(Eintritt je 20 US $)*, die Sie mit Glasbodenbooten oder mit Taucherbrille und Schnorchel erkunden können. Entsprechende Ausfahrten organisieren die meisten Hotels.

TANA RIVER DELTA

(138 B–C 5–6) *(🕮 N–O10)*

Nördlich von Malindi mündet einer von Kenias größten Flüssen, der Tana, in den Indischen Ozean. Ausgangspunkt für eine Safari in die vogelreichen Feuchtgebiete ist INSIDER TIPP *Tana Delta Dunes* (ca. eine Stunde Fahrt von Malindi), eine Ansammlung traumhaft in die Dünen zwischen Fluss und Meeresstrand integrierter Häuser aus Naturmaterialien, die zum Meer hin offen sind. Gegessen wird auf einer Terrasse mit Blick über den Fluss, hier gibt es auch einen Pool *(6 Zi. | Tel. 0178 13 95 39 | www.deltadunes.co.ke | €€€)*. Außer Safaris zu Fuß durch das von den Besitzern gegründete Reservat sind von hier aus auch Bootsfahrten auf dem von Nilpferden und Krokodilen nur so wimmelnden Tana möglich – nichts für ängstliche Naturen!

WATAMU ★ (143 F2) *(🕮 N12)*

Eine halbe Stunde südlich von Malindi liegt die Stadt *Watamu* an einer der schönsten Buchten der Nordküste. Das vorgelagerte Meer ist als Nationalpark geschützt. *Turtle Bay* ist nach den schildkrötenartig geformten Koralleninseln benannt, die hier aus dem Meer herausragen. Erstes Haus am Platz ist *Hemingway's (76 Zi. | Turtle Bay Road | Tel. 0702 99 99 50 | www.hemingways-watamu.com | €€€)*, benannt nach dem amerikanischen Schriftsteller, der zum Hochseeangeln nach Watamu kam. Auch heute noch ist Watamu die Basis für Sportfischer: In der Bucht warten Fangboote und Yachten aller Arten und Kategorien auf Angler, die Haie, Segelfische oder weiße Marline aus dem Meer ziehen wollen. Längst sind diese Boote mit Sonar und anderer Technik ausgerüstet, die zum Aufspüren solcher Fische benötigt wird. Am Nachmittag, wenn die Skipper die Schiffe zurück in den Hafen steuern, kann man am Strand begutachten, wie erfolgreich die zurückkehrenden Angler gewesen sind. Die Fangsaison beginnt im August und endet im März, Marlin und Segelfisch haben ab Dezember Hochsaison. Außer *Hemingway's* vermietet auch das *Ocean Sports Hotel (Tel. 042 2 33 22 88 | www.oceansports.net)* Boote mit fachkundiger Crew. Hier gibt es auch Tauchausrüstungen für den Watamu Marine National Park. Beste Zeit: Oktober bis März; Tauchkurse bei *Aqua Ventures (Tel. 04 22 33 24 20).*

MOMBASA

(143 D–E 4–5) (*M13*) **Bei Kenias zweitgrößter Stadt (1 Mio. Ew.) lohnt es sich, zweimal hinzusehen. An die Schwüle, die Urlauber am Moi International Airport im Westen der Stadt empfängt, gewöhnt man sich ebenso schnell wie an die Menschenmassen, die sich durch die Straßen schieben.**

Die laut hupenden Autos, die aus krächzenden Lautsprechern rufenden Muezzine, die schreienden Straßenhändler und das Klappern der Kleinbusse wandeln sich schnell vom Lärm zum Soundtrack einer lebendigen Hafenstadt. Die meisten Urlauber machen in Mombasa Station auf dem Weg von der Küste zu den Nationalparks im Binnenland. Die Stadt ist von Wasser umgeben: Die kleine Koralleninsel ist mit Fähren zum Süden und mit einer Hochbrücke zum Norden hin angeschlossen. Vereinzelt ist es hier zu Anschlägen auf Touristen gekommen. Ab und an gibt es Konflikte zwischen Polizei und muslimischen Jugendlichen, im Rahmen des durch die Regierung in Nairobi nicht zimperlich geführten Antiterrorkampfs. Erkundigen Sie sich vorher nach der Lage, auch Taxifahrer können manchmal weiterhelfen.

CITY

WOHIN ZUERST?

Fort Jesus: Starten Sie Ihren Mombasa-Besuch am Fort Jesus, der imposanten Festungsanlage. Von den Zinnen haben Sie einen guten Blick auf das Meer und die engen Gassen der Altstadt, man kann sich gut orientieren. Sollten Sie einen Mietwagen haben, lassen Sie ihn am Hotel stehen und fahren Sie mit dem Taxi hierher: Die engen Gassen rund ums Fort sind für Ortsunkundige kaum passierbar, Parkplätze gibt es nicht.

SEHENSWERTES

ALTSTADT

Das Zentrum Mombasas können Sie gut zu Fuß erkunden. Den Charme der Hafenstadt sehen Sie an jeder Straßenecke: Dem alten Yachtclub, der nur Mitgliedern offensteht, folgen zahlreiche Kaffeehäuser und kleine Läden, überall wuseln Menschen. Wie schon vor mehr als einem Jahrhundert ist Mombasa auch heute noch das Tor zum „dunklen Kontinent". Anstelle von Entdeckern und Missionaren, Handelskarawanen und Abenteurern, die hier mit dem Schiff anlandeten und sich auf die Reise ins Landesinnere machten, bestimmen heute Container und Stückgut das Bild. Mombasas Tiefseehafen ist der bedeutendste an Ostafrikas Küste; von hier werden Waren mit der Eisenbahn oder dem LKW ins Landesinnere transportiert. Der Hafenbetrieb lässt sich am besten vom Nordufer (hinter der Brücke) aus beobachten, besucht werden kann er nicht.

BIASHARA STREET

Wörtlich „Straße der Geschäfte", ist die verwinkelte Altstadtgasse in Mombasa vor allem die Straße der Schneider. Während die kleinen Läden vollgestopft sind mit Tüchern aller Farbe und Qualität, stehen die Nähmaschinen meist vor der Tür. Vom ersten klapprigen Eindruck darf man sich nicht täuschen lassen: Innerhalb eines Tages kann jeder Schneider günstig maßgeschneiderte Kleider, Hosen oder Hemden fertigen (handeln!).

Mombasas Wahrzeichen: Die Elefantenstoßzähne überspannen die Moi Avenue

ELEFANTENSTOSSZÄHNE (TUSKS)

Keine Angst: Die vier monströsen Elefantenstoßzähne, die mitten in der Innenstadt die Moi Avenue überspannen, sind nur aus Blech. Im Schatten von Mombasas Wahrzeichen beginnen alle größeren Ereignisse der Stadt, etwa die umjubelte *East African Safari Classic Rally* (s. S. 111). Errichtet wurden die Zähne 1952, als die britische Thronfolgerin Elizabeth II. die Hafenstadt besuchte.

FORT JESUS

Die von Portugiesen 1593–96 erbaute Festung ist das Herz von Mombasas Altstadt. Die mächtigen, weißen Mauern leuchten an den meisten Tagen prächtig in der Äquatorsonne. Von den Festungsanlagen, wo Kanonen vor sich hin rosten, hat man einen phantastischen Blick auf das Meer und die wuselige Altstadt. Im Innenhof gibt es zudem ein kleines Museum. Die drängelnden, selbst ernannten Guides vor dem Haupteingang können Sie höflich, aber getrost ignorieren. *Tgl. 8–18 Uhr | Eintritt ca. 10 Euro*

GEDENKSTÄTTE FÜR LUDWIG KRAPF

Der deutsche Missionar Johann Ludwig Krapf wurde 1810 in Derendingen (heute Tübingen) geboren. Mit 34 Jahren kam er nach Mombasa, kurz darauf starben seine Frau und Tochter an Malaria. Krapf blieb dennoch in Kenia, übersetzte die Bibel ins Swahili und sah auf einer seiner Forschungsreisen als erster Europäer den schneebedeckten Mount Kenya. Sein

Denkmal wurde mit Unterstützung der deutschen Botschaft renoviert, ebenso wie der umliegende Park, der zum Entspannen einlädt. *Nyali, nahe Tamarind*

JAIN-TEMPEL

So prächtig ist in Kenia kein zweiter Hindu-Tempel: strahlend weißer Marmor gemischt mit zarten Pastelltönen, überall kleine Kuppeln und Pagoden. Mit ihrem 1963 geweihten Tempel machen die Jainisten ihrem Ruf, besonders wohlhabend zu sein, alle Ehre. Achtung: Besucher müssen ihre Schuhe und alles, was aus Leder ist, am Eingang zurücklassen! *Besuch 10–12.30 Uhr | Langoni Road/ Salim Road*

LOW BUDG€T

Junge Kenianer gründeten 2011 am Bamburi Beach das *Kahama Hotel* mit dem Ziel, Strandurlaub erschwinglich zu machen: Mit rund 25 Euro pro Kopf im DZ ist das Hotel ausgesprochen günstig. Am Strand in einem tropischen Garten mit Pool gelegen, kommt auch der Komfort nicht zu kurz. *32 Zi. | Tel. 0725961791 | www.kahamahotel.co.ke*

Auf Lamu hat das *Pole Pole Guesthouse* konkurrenzlos günstige Einzelzimmer ab 7, Doppelzimmer ab 10 Euro im Angebot. *Mkomani | Lamu Town | Tel. 0722736768*

Der Italiener mit dem besten Preis-Leistungs-Verhältnis an der Nordküste ist die *Ascot Pizzeria* (im gleichnamigen Hotel) – die leckeren Hauptgerichte starten hier schon ab 4 Euro. *Beach Way Road | Watamu*

ESSEN & TRINKEN

INSIDER TIPP CAFESSERIE

Modernes Caférestaurant in Mombasas größtem Shoppingzentrum mit gutem Essen zu günstigen Preisen. Neben Pizza und Pasta gibt es hier auch Hühnchen- und Burgergerichte. Großes Dessertangebot mit phantastischer Crème brûlée und frisch gebrühter Kaffee und Cappuccino. Tgl. ab 18 Uhr öffnet der Club *The Lounge* (selbes Management) direkt nebenan. *Tgl. | Nakumatt Nyali Complex | Mombasa–Malindi Road | Nyali | Tel. 0202023769 | www.caffesserie.com.* | €

NEW CHETNA

Hier gehen Mombasas Inder essen. Auf der Karte stehen vor allem *Dal* (Linsen) und andere vegetarische Spezialitäten der südindischen Küche. Serviert wird äußerst scharf, außer man bestellt ausdrücklich „mild". *Tgl. | Haile Selassie Ave. | Altstadt* | €

TAMARIND ★

In Mombasas mit Abstand bestem Restaurant gibt es die frischesten Meeresfrüchte des Landes. Ob Austern, Gambas, gegrillte Fischfilets oder Hummer: Hier kann man nichts Falsches bestellen. Mindestens so gut wie das Essen ist die Location selbst: Von dem umgebauten alten Harem sieht man auf den Alten Hafen und die Stadt hinunter. Im Schein der Fackeln und arabisch angehauchten Laternen fühlt man sich wie in Tausendundeiner Nacht. *Tgl. | Silos Road | Nyali | Tel. 0202435 4467* | €€€

EINKAUFEN

Einen Supermarkt und eine Auswahl westlicher Geschäfte finden Sie im *Nyali Shopping Centre*. Hier wird, anders als bei den Souvenirständen, die es überall

Hülsenfrüchte in allen Farben: Auslagen auf dem Markt in Mombasa

in der Altstadt gibt, nicht gehandelt. Zum Schauen und Fotografieren lohnt sich der farbenfrohe *Municipal Market (Abdel Nasser Road).*

BOMBOLULU WORKSHOP

Die Werkstätten, in denen körperbehinderte Kenianer Schmuck, Kleidung und Souvenirs fertigen, können besucht werden. Im integrierten Kulturzentrum stehen auch traditionelle Hütten. Hier werden Tänze vorgeführt, auch ein kleines Restaurant gibt es. *Mo–Sa 8–18 Uhr | Eintritt 750 KSh | Off Nyali Road, 3 km nördlich der Nyali-Brücke | www.apdkbombolulu.org*

HARRIA'S GIFT SHOP

Hier finden Sie eine breite Auswahl von Souvenirs in guter Qualität: Schnitzereien, Körbe aus Sisal oder Perlenschmuck zu oft günstigeren Preisen als auf der Straße. *Mo–Sa 9–18 Uhr | Moi Avenue, neben den Stoßzähnen*

FREIZEIT & SPORT

DHOW-FAHRTEN

Die Dhows, traditionelle Handelsschiffe der Swahili, wurden früher zur Überquerung des Indischen Ozeans genutzt. Ein Boot mit dem charakteristischen Dreieckssegel steht Touristen offen: die *Tamarind-Dhow* ist ein Gaumenschmaus für Gourmets; hier wird Essen aus dem gleichnamigen Restaurant serviert. Die Kombination mit einer Stadtführung ist möglich. Die Tour ist von den Strandhotels im Norden und Süden buchbar. *Tamarind Dhow: 93 US$ inkl. Dinner | Tel. 0722205160 | www.tamarind.co.ke*

AM ABEND

Die Hotels an den Küsten nördlich und südlich von Mombasa bieten meist eigene Unterhaltungsprogramme. Wer erleben will, wie ausgelassen Kenianer Party machen, der ist in Mombasa richtig.

CLUB RIO
In einem der angesagtesten Clubs der Stadt wird vorzugsweise Rap und (kongolesischer) Lingala gespielt. Mi, Fr und Sa ist die Stimmung besonders gut, dann legen kenianische Spitzen-DJs im ehemaligen *Toyz* auf. *Eintritt ca. 1 Euro, Frauen frei | Baluchi Street*

NEW FLORIDA CLUB
Vergnügungen aller Art gibt es in dem vermutlich ausgelassensten Nightclub Kenias. Mehrere Bars unter freiem Himmel, ein Spielkasino und sogar ein Pool gehören zur Ausstattung des *New Florida,* ebenso wie zu späterer Stunde die Ladys vom horizontalen Gewerbe. *Eintritt ca. 3 Euro | Tel. 0701568746 | Mama Ngina Drive*

ÜBERNACHTEN

LOTUS HOTEL
Einst die erste Unterkunft weißer Siedler auf afrikanischem Boden, heute eine gute Budgetunterkunft mit ruhigem Garten. *24 Zi. | Cathedral Lane/off Nkrumah Road | Tel. 0739701025 | www.lotushotelmombasa.com* | €

REGENCY PARK HOTEL
Günstiges Hotel im Zentrum von Mombasa, nicht weit von den Stoßzähnen und Fort Jesus entfernt. Restaurant und Wifi im Haus. *40 Zi. | Kwa Shibu Road | Altstadt | Tel. 0729555587 | www.glorykenya.com (hier nach Glory Grand Hotel suchen, das ist der alte Name)* | €

ROYAL COURT HOTEL
Modernes Businesshotel mit Dachgartenrestaurant, das einen Panoramablick über die Stadt bietet. Zum Hotel gehört auch ein Kasino. *92 Zi. | Haile Selassie Avenue | Tel. 0722412867 | www.royalcourtmombasa.co.ke* | €

AUSKUNFT

TOURIST OFFICE MOMBASA
Moi Avenue, nahe den Stoßzähnen | Tel. 0412225428 oder 0412223456 | Mo–Fr 9–12 und 14–16.30, Sa 9–12 Uhr

NORDKÜSTE

(143 E3–4) (*M N12–13*) **Nördlich von Mombasa verläuft der Nordküste (North Coast) genannte Küstenabschnitt, der von zahlreichen Buchten gegliedert wird und sich bis nach Kilifi zieht. Über 40 km erstreckt sich hier eine Hotelanlage neben der anderen.**

Nyali Beach ist der Mombasa nächstgelegene Strand. Es folgen Bamburi Beach und Shanzu Beach, den viele Urlauber für den schönsten der ganzen Nordküste halten: Hier wird der breite Sandstrand von einzelnen Felsen unterbrochen, Palmen spenden wohltuenden Schatten. Im Norden gehen die offenen Strände über in eine Landschaft von malerischen Buchten *(creeks).* Am größten Creek nahe Kilifi verbringen viele Kenianer in ihren Ferienhäusern den Urlaub.

SEHENSWERTES

BAOBAB ADVENTURE
(143 E4) (*M M–N13*)

Einst Steinbruch für die Zementfabrik in Bamburi, hat sich das Gelände dank der Bemühungen des Schweizer Agronomen René Haller in ein kleines Naturparadies gewandelt. Die *Bamburi Forest Trails* laden zum Wandern und Radfahren durch eine abwechslungsreiche Landschaft ein. Die Hauptattraktion ist aber der *Haller Park,* in dem viele Wildtiere in schattigen Wäldern und auf grünen Wiesen unterwegs sind. *Tgl. 8–17 Uhr | Eintritt ca. 13 Euro | Nähe Severin Sea Lodge*

KILIFI (143 E3) *(🕮 N12)*
Der kleine Ort, 60 km nördlich von Mombasa am Kilifi Creek gelegen, ist ein guter Ausgangspunkt für Segeltouren und Surftrips und deutlich ruhiger als die Küste weiter südlich. Eine traumhafte Unterkunft ist das mit Solarenergie betriebene INSIDER TIPP *Unguja House (Buchung über Phoenix Safaris | Tel. 0721 65 05 89 | www.phoenix-safaris.de | €€)*, ansprechend im sansibarischen Suahelistil gebaut, mit direktem Zugang zum Meer sowie Garten und großem Pool. Bootsfahrten und Vogelsafaris auf dem Creek organisiert der *Mnarani Club (Malindi Road)*, wo Sie auch übernachten können.

MAMBA VILLAGE CROCODILE FARM
(143 E4) *(🕮 M–N13)*
10 000 Krokodile liegen auf dieser Farm den Großteil des Tages in der Sonne, bis um 17 Uhr die Fütterung beginnt. Auf dem Gelände befinden sich auch ein Schlangenpark und einer der INSIDER TIPP angesagtesten Nightclubs der Gegend – hier wird über den Köpfen der Krokodile getanzt. *Farmbesuch tgl. 7–18 Uhr | Eintritt ca. 6 Euro | gegenüber dem Nyali Golf Club | Nyali*

ESSEN & TRINKEN

Die meisten Hotels an der Nordküste haben für ihre Gäste mehrere Restaurants zur Auswahl. Die wenigen Restaurants jenseits der Hotelanlagen lohnen sich alleine schon, um einmal den Mauern des eigenen Hotels zu entfliehen.

AQUAMARINE RESTAURANT
(143 E4) *(🕮 N13)*
Gemütliches Restaurant im gleichnamigen Aquarium direkt am Wasser, die Gäste sitzen unter einem im Wind raschelnden Palmdach. Für den kleinen Hunger gibt es ein spezielles Snackmenü. *Tgl. | Mtwapa Beach | off Mombasa–Malindi Road | Tel. 0723 22 37 37 | €*

IL COVO (143 E4) *(🕮 N13)*
Italienisches, Japanisches und Gegrilltes auf einer Terrasse direkt Meer. Am Abend werden die Tische zur Seite geräumt, dann wird getanzt. *Tgl. | Bamburi Beach | Tel. 0725 45 26 86 | www.ilcovo.net | €€*

Shanzu Beach, einer der schönsten Strände nördlich von Mombasa

THE MOORINGS (143 E4) *(🕮 M–N13)*
Schwimmendes Restaurant im mangrovenbestandenen Mtwapa-Creek unweit der Nyali-Brücke. Spezialität: Meeresfrüchte und Fisch. Wunderschöner Platz für ein INSIDER TIPP Candlelightdinner. *Tgl. | Mombasa–Malindi Road | Tel. 0723 03 25 36 | www.themoorings.co.ke | €€*

EINKAUFEN

SHANZU WORKSHOP
(143 E4) *(🕮 M–N13)*
In der Werkstatt stellen behinderte junge Frauen Souvenirs, Schmuck und farben-

frohe Textilien her. Besucher können die Arbeit beobachten und in dem angeschlossenen Shop einmalige Souvenirs kaufen. *Nyali, nahe Mtwapa Road auf der Straße zum Serena-Hotel*

FREIZEIT & SPORT

GOKARTBAHN (143 E4) *(M–N13)*
Die Anlage unter tropischen Palmen steht unter deutscher Leitung. Hier kann man nicht nur Gokart und Buggy fahren, sondern sich auch im INSIDER TIPP Baggerfahren versuchen. Zur Erholung lockt ein Drink an der Bar. *Di–So 16–22 Uhr | Fahrten ab 11 Euro | nahe Severin Sea Lodge | Tel. 0721 48 52 47 | www.mombasa-gokart.com*

GOLF (143 E4) *(N13)*
Einer der luxuriösesten Golfplätze Kenias liegt auf *Vipingo Ridge:* Die 18 Löcher sind nach USGA-Richtlinien angelegt, beim Spielen bietet sich ein phantastischer Ausblick auf den Indischen Ozean *(Anmeldung: Tel. 0700 33 74 89 | www.vipingoridge.com).* Auch in Nyali gibt es einen ebenfalls schön gelegenen 18-Loch-Platz.

HOCHSEEFISCHEN (143 E4) *(N13)*
Schon Ernest Hemingway hat an Kenias Küste geangelt: Schwertfische, Haie und Segelfische gibt's reichlich. Boote und Ausrüstung werden tageweise vermietet. Ein guter Anbieter ist *Howard Lawrence-Brown (Tel. 0722 82 09 82, 0722 83 14 64 | www.kenyadeepseafishing.net).*

AM ABEND

PIRATES BEACH BAR (143 E4) *(N13)*
Kenias heißeste Stranddisko mit angeschlossenem Grill. Hier wird bis in die frühen Morgenstunden gefeiert. *Bamburi, off New Malindi Road*

ÜBERNACHTEN

BAHARI BEACH HOTEL
(143 E4) *(M–N13)*
Hotelanlage auf einer Klippe über Nyali Beach mit Strandzugang. Pool und diverse Wassersportarten. *100 Zi. | Tel. 0722 20 69 33 | www.baharibeach.net | €*

SAROVA WHITESANDS
(143 E4) *(N13)*
Moderne und weitläufige Hotelanlage im Stil eines arabischen Forts. Drei Pools und alle Arten von Wassersport im Angebot. *335 Zi. | Bamburi Beach | Tel. 041 2 12 80 00 | www.sarovahotels.com | €€*

SERENA BEACH RESORT & SPA
(143 E4) *(M–N13)*
Die edle Hotelanlage im Swahilistil bietet alle Annehmlichkeiten, u. a. für Wellnessfans den phantastischen *Maisha*-Spa. *166 Zi. | Tel. 020 2 84 20 00 | www.serenahotels.com | €€€*

SEVERIN SEA LODGE (143 E4) *(N13)*
Beliebte Hotelanlage unter deutschem Management, der man ihre Größe nicht anmerkt. *188 Zi. | Bamburi Beach | Malindi Road | Tel. 0722 28 46 82 | www.severin-kenya.com | €€*

SÜDKÜSTE

(143 D5–6) *(M13–14)* **Südlich von Mombasa erstreckt sich der Südküste (South Coast) genannte Küstenabschnitt mit dem Hauptort Diani Beach, dem wohl schönsten Strand des Landes.**
Das strahlende Weiß des Sandes sticht einem hier förmlich in den Augen. Kurz hinter der Fähre liegt Tiwi Beach, gefolgt von Diani Beach. Die Anreise vom Flughafen Mombasa kann eine beschwerliche Angelegenheit werden, weil der

Mombasa Creek mit einer ältlichen Fähre überquert werden muss – hier staut sich oft der Verkehr. Wer von Nairobi kommt, sollte deshalb zum Flughafen Ukunda nahe Diani Beach fliegen, der von Air Kenya und Safarilink angeflogen wird.

SEHENSWERTES

COLOBUS TRUST (143 D5) (M14)

Seit 1997 kümmern sich Naturschützer in Diani um die gefährdeten Colobus-Affen. Von ihrer Forschungsstation aus bieten die Ökologen fachkundig geführte Touren zu Fuß an, bei denen man die Affen beobachten kann. *Mo–Sa 8–16.30 Uhr | Colobus Trust Research Station | Diani Beach Road | Tel. 0711 47 94 53 | www.colobusconservation.org*

DIANI BEACH ★ ● (143 D5) (M14)

Diani Beach ist der wahr gewordene Urlaubstraum unter Palmen. Familien genießen, dass das türkis schillernde Meer bis zu den vorgelagerten Korallenriffen flach bleibt. Das seichte Wasser ist warm und auch für kleine Kinder zum Planschen ideal geeignet. Weiter zum Riff hin tummeln sich die Schnorchler und Surfer. Und wenn die Sonne untergeht, ist der Tag am weiten, weißen Strand noch lange nicht vorbei: Strandbars und kleine Restaurants laden zum Sundowner und zu einem langen Abend ein.

INSIDER TIPP KAYA KINONDO (143 D5) (M14)

Die in Diani lebende Digo-Bevölkerung bietet Urlaubern die Chance, einen Einblick in ihr traditionelles Leben zu bekommen: Nach einem Fußmarsch durch die Kaya, einen heiligen Baumhain, bekommt man ein Dorf, den lokalen Medizinmann und die örtliche Schule zu Gesicht. *Diani Beach | Tel. 0722 34 44 26*

MSAMBWENI ● (143 D6) (M14)

Das kleine Fischerdorf liegt nur 15 km von Diani Beach entfernt, blieb aber vom Massentourismus bislang verschont. Hier geht das Leben noch seinen ruhigen kenianischen Gang. Die mit Palmen gedeckten INSIDER TIPP *Mbuyu Beach Bungalows (6 Zi. | Tel. 0707 00 08 23*

Auf Vipingo Ridge kommen die Golfästheten auf ihre Kosten

| www.mbuyu beach.com | €), die mit Solarenergie gespeist werden, stehen versteckt in einem bunten Tropengarten, nur wenige Schritte vom einsamen Strand entfernt. Hier hat sich Ex-ARD-Korrespondent Werner Zeppenfeld sein persönliches Paradies eingerichtet. Hängematten und der Pool laden zum Ausspannen ein – ein Ort zum Träumen …

INSIDER TIPP SHIMBA HILLS NATIONAL RESERVE (143 D5) *(M13–14)*

30 km vom Strand landeinwärts erstreckt sich einer von Kenias letzten Küstenregenwäldern: Die geschützte Hügelkette (bis zu 400 m hoch) beherbergt u. a. die seltene Säbelantilope. Außerdem sind Elefanten, Büffel und andere Antilopenarten zu sehen. Von der Schwüle der nahen Küste ist hier nichts zu merken. Von den Kuppen der Hügel eröffnet sich ein toller Blick zur Küste und auf die tansanischen Usambaraberge. Die Infrastruktur im Park ist gerade erst von Kenias Wildlifeservice generalüberholt worden. Das rustikale Baumhotel, wo man auf Stegen die Wipfel der Bäume erkundet, ist eine schöne Unterkunft: *Shimba Hills Rainforest Lodge (65 Zi. | Tel. 0711367345 | info@shimbalodge.net | €€). Parkeintritt 25 US$ | Karten gibt es auch an der KWS-Verkaufsstelle im Ukunda-Einkaufszentrum (Diani Beach Road)*

TIWI BEACH (143 D5) *(M14)*

Tiwi Beach ist trotz seiner Nähe zu Mombasa einer der einsameren Strandabschnitte der Südküste. Kneipen oder Diskos sucht man hier vergeblich, und entlang des Strandes erstrecken sich nur wenige Hotelanlagen, z.B. der Ferienkomplex des *Tiwi Beach Resorts.*

WASINI ISLAND (143 D6) *(M14)*

Ganz im Süden von Kenias Küste (80 km von Mombasa entfernt) liegt *Wasini Island,* ein Paradies für Taucher. Vom Hafenort *Shimoni* und der Insel aus fahren erfahrene Meeresbiologen täglich mit der **INSIDER TIPP** „Wasini Dhow" mit Urlaubern aufs Meer hinaus, um Delphine zu beobachten – ein perfekter Tagesausflug. Die erfahrene Crew (spricht Deutsch) kennt die Gewässer so gut, dass die Chancen groß sind, die Meeressäuger tatsächlich zu sehen. Auch die bis zu 10 t schweren und 18 m langen, dennoch harmlosen Walhaie können mit Glück beobachtet werden. Garantiert sind eine Schnorchelpause am Kisite Riff vor Wasini und ein Swahili Lunch an Bord der Dhow. Mitfahrer werden morgens an ihren Hotels abgeholt. *Ab 135 Euro | Wasini Dhow | Tel. 0712 91 85 89 | www.wasinidhow.com; oder Pilli Pipa Dhow Safaris | Tel. 040 3 20 35 59, 0724 44 25 55 | www.pillipipa.com*

ESSEN & TRINKEN

ALI BARBOUR'S (143 D5) *(M14)*

Das Restaurant in einer ausgebauten Felsgrotte mit hervorragendem Essen und familiärer Atmosphäre ist eine feste Institution am Diani Beach. *Tgl. ab 18 Uhr | nahe Diani Sea Lodge | Tel. 0714 45 61 31 | €€*

NOMAD BEACH BAR (143 D5) *(M14)*

Die relaxte Bar liegt direkt am Strand unter einem schattenspendenden Makutidach. *Tgl. | Diani Beach, neben The Sands at Nomad | €*

AM ABEND

FOURTY THIEVES BAR (143 D5) *(M14)*

Wenn die Sonne untergeht, lassen sich an Kenias ältester Strandbar, die nur ein paar Schritte vom *Ali Barbour's Restau-*

Eine Insel für Robinson Crusoe: Wasini Island bei Shimoni

rant entfernt liegt, die ersten Gäste zum Sundowner nieder. Je später es wird, desto ausgelassener wird die Stimmung – oft genug wird die Bar erst bei Sonnenaufgang geschlossen. *Tgl. ab 16 Uhr | Diani Beach, nahe Diani Sea Lodge*

ÜBERNACHTEN

AMANI TIWI BEACH RESORT

(143 D5) *(M14)*

Großer Ferienkomplex mit dem längsten Swimmingpool Kenias. Hier kann man Wasserski fahren, surfen, schnorcheln und tauchen. Exzellent für Rollstuhlfahrer eingerichtet; eigene Biogas- und Solaranlage. *209 Zi. | Tel. 0724257105 | www.amanitiwibeachresort.com* | €€

BAOBAB BEACH RESORT & SPA

(143 D5) *(M14)*

Die Anlage auf dem mit Baobabs bestandenen Gelände war einst ein Robinson-Club. Heute kann man all inclusive ausspannen, surfen und tauchen oder Tennis spielen – das Management wirtschaftet umweltfreundlich. *323 Zi. | Diani Beach | Tel. 0733333303 | www.baobab-beach-resort.com* | €€

LEOPARD BEACH RESORT

(143 D5) *(M14)*

Zum großzügig angelegten Resort gehören mehrere Pools, eine Tauch- und Surfschule und ein privater Strand. Außer vier Restaurants gibt es auch einen schönen Spa mit allen erdenklichen Wellnessangeboten. *177 Zi. | Diani Beach | Tel. 0733207221 | www.leopardbeachresort.com* | €€€

THE SANDS AT NOMAD

(143 D5) *(M14)*

Cottages für bis zu vier Personen direkt am Strand ziehen vor allem Taucher an. Auf dem palmenbewachsenen Grundstück ist es angenehm kühl, das Restaurant mit Strandbar ein Hit. *37 Zi. | Diani Beach | Tel. 0724262426 | www.thesandsatnomad.com* | €€

DER SÜDOSTEN

Von der Küste zieht sich die rote, staubige Erde über weites, flaches Land: Der Südosten Kenias ist Afrika pur.

Im Tsavo, Kenias größtem Nationalpark, wird die Landschaft von Lavagestein unterbrochen, das zu bizarren Formen erstarrt ist. Am Horizont erheben sich Ernest Hemingways „grüne Hügel Afrikas", die Chyulu Hills – und der höchste Berg des Kontinents, der Kilimandscharo, zu dessen Füßen Elefanten durch die Savanne des Amboseli-Nationalparks ziehen.

AMBOSELI

(140 A–C 1–2) (*F–H 9–11*) **Für viele Kenia-Besucher ist ★ Amboseli der optisch beeindruckendste Park des Landes. Am Fuß des fast 6 km in die Höhe reichenden, schneebedeckten Kilimandscharo ziehen die im Vergleich zwergenhaft wirkenden Elefanten in Herden durch die fast überall mit einer feinen Ascheschicht bedeckte Savanne.**

Am schönsten ist der vergleichsweise kleine Park (392 km²) am frühen Morgen und in der Stunde vor Sonnenuntergang: Dann zeigen sich hier einmalig faszinierende Farbspiele. Über allem türmt sich der „Kili", dessen Spitze tagsüber meist wolkenverhangen ist, mit seinem gleißenden Gipfel.

Neben Elefanten beherrschen Zebras, Gnus und Gazellen das Bild des Parks. Quellen und Seen, die von den Flanken des Kilimandscharo gespeist werden, ermöglichen ihnen in dem sonst knochen-

Bild: Elefanten im Amboseli-Nationalpark

Am Fuß des Kilimandscharo: Die Ebene zwischen Kenias Küste und dem Hochland besticht durch ihre Weite und Wildnis

trockenen Land ebenso das Überleben wie Schakalen, den scheuen Leoparden und Krokodilen. Zu den einmaligen Anblicken gehören auch Elefantenherden, die bis zum Bauch eingesunken im Sumpf baden. Die nicht weit von Ol Tukai entfernten Sümpfe sind zudem der Traum von Vogelkundlern: Kraniche, Pelikane, Reiher und Dutzende andere Arten finden im seichten Wasser Nahrung.

Amboseli lässt sich von Nairobi mit dem Auto je nach Verkehrs- und Straßenlage innerhalb von vier bis fünf Stunden erreichen; der Flug dauert eine knappe halbe Stunde. *Parkeintritt 80 US $*

SEHENSWERTES

KILIMANDSCHARO ★

(140 C3) (*G–H11*)

Afrikas mit 5892 m höchster Berg ist der majestätische Blickfang im Amboseli-Nationalpark. Von nahezu überall beherrscht er den Horizont. Geologisch gesehen ist der Kilimandscharo ein junger Berg, geformt durch vulkanische Aktivität vor gut einer Million Jahren. Heute ist er ein schlummernder Vulkan. Obwohl es keine Ausbrüche gibt, wehen starke Schwefelgerüche über dem 2,3 km breiten und 200 m tiefen Krater an der Spitze. nach Moshi, wo die meisten Kili-Touren beginnen. Ob Gipfelsturm, Tagestour, Mountainbiking oder Trekking: In Moshi kann alles arrangiert werden. Wer sich Zeit nimmt und sich schrittweise an die Höhe anpasst, hat auch ohne Bergerfahrung gute Chancen, bis ganz nach oben zu kommen. Tansanias Regierung schreibt die Buchung über ein Safari-Unternehmen ebenso vor wie die Beschäftigung einheimischer Führer und Träger. Beliebteste Route zum Gipfel ist die *Marangu-Route* (auch Coca-Cola-Route genannt), die innerhalb von fünf Tagen die ganze Bandbreite der Ökosysteme des Kili durchquert. Wer sichergehen will, den Gipfel zu erreichen, plant am besten auf dem Aufstieg einen Extratag in der Horombo-Hütte ein. Billig ist eine Kilimandscharo-Besteigung nicht: Je nach Veranstalter muss man mit mindestens 900 Euro für eine Fünf-Tages-Tour auf der Marangu-Route rechnen, zuzüglich Parkgebühr und Trinkgeld für die Träger,

Grandiose Aussicht: Wandergruppe am Fuß des Kilimandscharo

LAKE AMBOSELI (140 B1–2) (*G10*)
Der See, nach dem der Park benannt ist, füllt sich nur in der Regenzeit mit dem vom Himmel fallenden Wasser. Wo im Rest des Jahres nicht mehr als eine dürre Staubpfanne ist, tobt dann binnen Stunden das Leben. Mit Glück lassen sich hier in der Regenzeit auch Flamingos und andere Zugvögel beobachten.

FREIZEIT & SPORT

KILIMANDSCHARO-BESTEIGUNG
(140 C4) (*H12*)
Bestaunen kann man den höchsten Berg Afrikas von kenianischer Seite – besteigen kann man ihn aber nur in Tansania. Vom Grenzübergang bei Namanga sind es ca. 200 km auf guten Straßen bis

das nicht zu knapp bemessen sein sollte. November, März und April, wenn der Regen die Waldwege aufweicht und in größeren Höhen besonders viel Schnee liegt, gelten als die schlechtesten Monate für einen Aufstieg. Weitere Infos und Adressen empfehlenswerter Organisatoren finden Sie im MARCO POLO Band „Tansania".

LODGES

AMBOSELI SERENA LODGE

(140 C2) (*G10*)
Unauffällig in die Landschaft eingepasste Lodge im Stil eines Massaidorfs. Im Pool badet man mit Blick auf den Kilimandscharo. Für ihr vorbildliches Ökomanagement wurde die Lodge 2011 als kenianische Ökotourismus-Destination des Jahres ausgezeichnet. *92 Zi. | Tel. 0732123333 | www.serenahotels.com/serenaamboseli* | €€€

OL TUKAI LODGE (140 C2) (*H10*)

Rustikale Safaristimmung herrscht auf dieser aus Holz errichteten Lodge im Herzen des Parks. Im Garten leben über 150 Vogelarten. *82 Zi. | Tel. 0726249697 | www.oltukailodge.com* | €€€

INSIDER TIPP TORTILIS CAMP

(140 B2) (*G10*)
Eins der schönsten Camps in ganz Kenia: Von der Terrasse der nur aus einheimischen Naturmaterialien gebauten Lodge und von den Zelten aus genießt man einen einzigartigen Kili-Blick. Die Küche ist eine Klasse für sich. Sehr kinderfreundlich. *18 Zi. | Tel. 0713474171 | www.tortilis.com* | €€€

TSAVO

(141/142) (*J–L 9–13*) **Mit seiner Fläche von 21 812 km² ist ★ Tsavo nicht nur der größte, sondern auch der abwechslungsreichste Nationalpark Kenias. Auf einer Fläche größer als Hessen wechseln sich staubige Savanne, roter Laterit und dichte Akazienwälder ab.**
Der breite Flusslauf des Galana-Flusses durchschneidet die trockenen Ebenen, während sich weiter westlich Hügel und Lavaformationen mit schier endlosen, unterirdischen Tunnelsystemen erstrecken. Tsavo will entdeckt und erobert werden: Der kurz nach seiner Gründung entlang der Hauptstraße von Mombasa nach Nairobi in zwei Einheiten (Tsavo West und Tsavo East) geteilte Park bietet je nach Ecke und Saison immer wieder unterschiedliche Bilder. Vielen erschließt sich der riesige Park erst mit der Zeit, doch seine Größe und seine Wildheit machen Tsavo zu einem ganz besonderen Erlebnis. Die Anreise mit dem Auto ist dagegen wegen der nahen Hauptstraße von Mombasa nach Nairobi ungewohnt komfortabel: In drei bis vier Stunden ist der Weg von beiden Städten bis zum *Voi Gate* zurückgelegt. Wer mit

MARCO POLO HIGHLIGHTS

★ Amboseli
Elefanten marschieren herdenweise durch die Graslandschaft im Schatten des Kilimandscharo
→ S. 50

★ Kilimandscharo
5896 Meter weit ragt Afrikas höchster Berg in den Himmel: ein majestätischer Anblick
→ S. 51

★ Tsavo
Kenias größter und abwechslungsreichster Nationalpark: ein Landschaftstraum in Rot
→ S. 53

eigenem Auto reist, kann den Weg an die (nördliche) Küste durch Tsavo East hindurch abkürzen. Flüge nach Tsavo sind vergleichsweise teuer. *Parkeintritt: 75 US$ (pro Park)*

Tsavo West, der kleinere Teil der beiden Tsavo-Parks (rund 9000 km²), ist der landschaftlich etwas abwechslungsreichere Park, auch wenn es manchmal schwierig ist, in der dichter bewachsenen Landschaft Tiere zu erspähen. Im Dickicht können sich die Big Five ebenso gut verbergen wie die scheuen Kudus, die es kaum sonst irgendwo in Kenia zu sehen gibt.

Tsavo East ist eine riesige, weitgehend ungezähmte Wildnis. Hier kann man stundenlang unterwegs sein, ohne einem anderen Fahrzeug zu begegnen. Die Wildtiere leben weit verstreut in der phantastischen Landschaft aus roter Erde, verstreuten Akazien und Dornbuschsavanne. Tsavo East ist eine Übergangszone zwischen den Savannen des südlichen und den Wüstenzonen des nördlichen Kenia. Entlang der wenigen Wasserquellen versammeln sich vor allem in der Trockenzeit die Tiere, die sich dann besonders gut beobachten lassen. Neben den durch die Erde rot gefärbten Elefanten, die nach gnadenloser Wilderei in den 1970er-Jahren im Tsavo heute wieder reichlich vorkommen, sind die mähnenlosen Löwen die (publikumsscheuen) Stars im Park. Biologen rätseln bis heute, warum die männlichen Löwen – anders als fast überall sonst – keine Mähne tragen. Während des Baus der Eisenbahn, deren Schienenstrang sich am Nationalparkrand entlangzieht, waren die Löwen als „Menschenfresser" berüchtigt. Sie sollen während der Bauzeit mehr als 140 Bauarbeiter gerissen haben. Bei Kenianern haben die Löwen von Tsavo auch heute noch den Ruf, außergewöhnlich aggressiv zu sein.

SCHNEE VON GESTERN

„Schnee auf dem Kilimandscharo" ist die vielleicht bekannteste Kurzgeschichte des US-Schriftstellers Ernest Hemingway. Doch der Schnee, derzeit noch auf der Spitze des Berges zu sehen, wird vermutlich schon bald der Vergangenheit angehören. Er schmilzt wegen des Klimawandels schon seit Jahren. Das UN-Umweltprogramm geht davon aus, dass der Schnee auf dem Kilimandscharo in Folge des Klimawandels bis 2020 verschwunden sein wird – mit massiven Folgen für die Umwelt. Der Grundwasserpegel sinkt stetig, was bereits jetzt die Vegetation beeinträchtigt – und damit über kurz oder lang auch die Tierwelt. Auch das vielfältige Ökosystem am Berg selbst ist gefährdet, weil es perfekt an die klimatischen Bedingungen angepasst ist: Die Felder des Hochlands gehen über in dichten Bergwald. Über 2800 m folgen Heide- und Moorland, über 3700 m urzeitlich anmutende Wälder von bis zu 3 m hohen Lobelien, die sich bis zur Baumgrenze erstrecken. Der harschen Umgebung mit den in der Höhe stark abnehmenden Temperaturen hat sich auch eine vom Umland weitgehend isolierte Tierwelt angepasst. Elefanten steigen bis auf das Shira-Plateau auf fast 4000 m Höhe; nicht weit vom Gipfel wurde einst sogar ein erfrorener Leopard gefunden.

Krokodile fühlen sich wohl im aufgewühlten Wasser der Mzima Springs

SEHENSWERTES

ARUBA-STAUSEE (142 B2) (*🕮 L12*)

Der Rundweg vom Parkgate in Voi bis zum 1951 angelegten Aruba-Stausee (Aruba-Damm) in Tsavo East ist eine gute Route, um die Tierwelt zu beobachten. Hier im offenen Grasland sind die scheuen Geparden und Löwen gut zu sehen. Wer sich einen Überblick verschaffen will, steuert am besten den gut 30 km westlich gelegenen *Mudanda Rock* an, den kenianische Tourguides gerne mit dem australischen Uluru (Ayers Rock) vergleichen. Zwar ist der Inselberg viel kleiner als der große Bruder in Down Under, nichtsdestotrotz aber ein beeindruckender Anblick. Einmal oben angelangt, reicht der Blick zudem bei klarer Sicht bis zum Galana-Fluss – und auf ein nahes Wasserloch, an dem sich bei Sonnenauf- und -untergang Elefanten, Büffel und Antilopen in großer Zahl versammeln. *Tsavo East*

LUGARD FALLS (142 B1) (*🕮 K11*)

Die bizarren *Lugard Falls,* eine Reihe von Wasserfällen, die durch riesige Quarzbrocken rauschen, bieten einen einmaligen Ausblick auf den Galana-Fluss, die wichtigste Lebensader für die Tiere im Tsavo. An seinen Ufern färbt sich die sonst braungelbe Landschaft auf einmal saftig grün, an den Ufern stehen Palmen und dichte Auwälder. Flussabwärts folgt ein ruhiger Flussabschnitt, der *Hippo Pool,* wo Sie vom höher gelegenen, *Crocodile Point* genannten Aussichtspunkt aus Flusspferde und Krokodile beobachten können. *Tsavo East*

MZIMA SPRINGS (141 E3) (*🕮 J11*)

An dem von den Flanken des Kilimandscharo gespeisten Gletschersee mit ungewöhnlich klarem Wasser können Sie Krokodile und Nilpferde beobachten – und zwar sowohl vom Ufer aus (einer der wenigen Orte in Kenias Nationalparks, wo man sich vorsichtig zu Fuß bewegen darf) als auch unter Wasser. Eine dicke Glasfront, die in einen Aussichtspunkt unterhalb der Seeoberfläche eingebaut ist, macht es möglich, den an Land so schwerfälligen Hippos bei ihrem tänzelnden Unterwasserballett zuzusehen. *Tsavo West*

SHETANI LAVA FLOW (141 D2) (*J11*)
Der *Shetani Lava Flow* (*Shetani* heißt Teufel) ist ein erstarrter Lavafluss, der von einem Vulkanausbruch vor 200 Jahren zurückgeblieben ist. Anders als im sonst so dicht bewachsenen Park steht hier bis heute kaum eine Pflanze – der Grund, warum der Lavafluss seinen höllischen Namen trägt. Gerade wegen seiner Andersartigkeit strahlt der Ort etwas ganz Eigenes, fast Magisches aus. *Tsavo West*

Schwarz-grüne Farbsinfonie: bizarre Lavalandschaft in den Chyulu Hills

INSIDER TIPP NGULIA RHINO SANCTUARY (141 E3) (*J11*)
Einer der besten Orte, um Nashörner zu beobachten: In dem mit einem Elektrozaun abgesperrten Nashornreservat innerhalb des Parks werden ca. 70 Nashörner vor Wilderern geschützt. Das Schutzprogramm ist so erfolgreich, dass in den vergangenen Jahren mehr als 100 Nashörner ausgewildert worden sind. Weil die Rhinos von Ngulia auf relativ engem Raum leben, sind die Chancen sehr gut, die sonst so scheuen Rhinozerosse zu Gesicht zu bekommen. *Tgl. 16–18 Uhr | Eintritt ist in der Nationalparkgebühr enthalten | Tsavo West*

LODGES

FINCH HATTON'S ● (141 D–E2) (*J11*)
Mit allen Schikanen ausgestattetes Luxuscamp, benannt nach Karen Blixens Liebhaber Denys Finch Hatton, dessen andere Liebe der Tsavo war. Die Besitzer verwöhnen die Gäste passend im Stil der 1920er-Jahre. *17 Zi. | Tsavo West | Tel. 07 20 44 44 19 | www.finchhattons.com |* €€€

INSIDER TIPP GALDESSA CAMP
(142 B1) (*K–L11*)
Ein Buschcamp der Extraklasse mit erstklassiger Lage am Galdessa-Fluss. Die Gegend rund ums Camp gilt als eine der tierreichsten in Tsavo East. *15 Zi. | Tel. 0722870656 | www.galdessa.com |* €€€

SEVERIN SAFARI CAMP
(141 E3) (*J11*)
Kleines und familiär geführtes Camp, das trotz eines Spas und eines großen Swimmingpools auf die Schonung der knappen Ressourcen Wert legt. Die Lage mitten in der Wildnis ist nicht nur wegen des Panoramablicks atemberaubend – nachts trotten auch schon mal Giraffen zwischen den Zelten hindurch. *27 Zelte | Tsavo West | Tel. 0722284682 | www.severin-kenya.com |* €€€

VOI SAFARI LODGE (142 A–B2)(*K12*)
Die Lodge besticht durch ihre einmalige Lage direkt über einem Wasserloch, an dem sich täglich zum Sonnenauf- und -untergang Tiere einfinden. Auch der Weg zu dem für Fotosafaris besonders ergiebigen Rundparcours beginnt gleich vor dem Tor. *53 Zi. | Tsavo East | Tel. 0733333400 | www.safari-hotels.com |* €€

ZIEL IN DER UMGEBUNG

INSIDER TIPP CHYULU HILLS
(141 D–E 1–2) (*H–J10*)
Eine fast magische Landschaft aus erkalteter Lava und den Überresten erloschener Vulkane, dazwischen die von Ernest Hemingway berühmt gemachten „grünen Hügel Afrikas“: Die wenig besuchten *Chyulu Hills,* zwei Autostunden vom Voi Gate entfernt und geologisch eine der jüngsten Bergketten der Welt, bestechen durch ihre unberührte Natur, die Sie sich – in Begleitung eines Rangers – sogar erwandern können. Kletterer und Höhlenfreunde können zudem die vom Tageslicht kaum beleuchteten unterirdischen Kanäle erkunden, die die Lavaströme hinterlassen haben. Das rustikale *Umani Springs Camp (10 Zelte | Tel. 0733891996 |* €€€*)* ist die perfekte Ausgangsbasis für Touren. Nicht weit entfernt ist das *Campi ya Kanzi,* eine traumhaft ausgestattete Exklusivlodge mit eigenem Naturreservat *(9 Zi. | Tel. 0720461300 | www.maasai.com |* €€€*). Parkeintritt 25 US $*

LOW BUDG€T

Campingplätze des *Kenya Wildlife Service* in beiden Tsavos, Amboseli und Chyulu *(Tel. 020 2379407 | www.kws.org)* sind mit 10–20 Euro pro Nacht die günstigste Übernachtungsmöglichkeit. Die Wärter an den Nationalparktoren erklären den Weg zu den Plätzen, die meist nicht mehr als sanitäre Anlagen bieten – den Rest (inkl. Wasser) müssen Sie selbst mitbringen. Etwas teurer, aber auch komfortabler sind die Hütten, die es in allen Parks gibt, aber vorab in Nairobi beim KWS gebucht werden müssen (Liste auf der Website). Bei größeren Gruppen rentiert sich die Miete von 60 bis 150 Euro pro Hütte.

Ein idyllisch gelegener Campingplatz ist *Ndololo Camp* in Tsavo East, nicht weit vom Kenderi-Sumpf entfernt. Für 10 Euro kann man hier seine Zelte aufschlagen. Achtung: Nachts laufen immer mal wieder Elefanten durchs Camp. *Infos bei den Rangern am Park Gate*

NAIROBI

WOHIN ZUERST?
Norfolk Hotel (U B2) (*b2*): Falls Sie mit dem eigenen Wagen unterwegs sind, können Sie ihn auf dem bewachten Parkplatz gegenüber dem Norfolk Hotel, dem ältesten Haus der Stadt, abstellen. Die Zufahrtsstraße zum Hotel führt Sie zur Innenstadt, die Sie am besten zu Fuß erwandern. Sie wird zur Rechten vom Uhuru Park begrenzt; als Orientierungspunkte dienen das schwarz-weiß geringelte Nation-Hochhaus und das auf der anderen Seite des Zentrums liegende Kenyatta-Konferenzzentrum mit dem höchsten Turm der Stadt.

KARTE IM HINTEREN UMSCHLAG
(134–135 C–D3) (*F–G7*) **Obwohl die 4-Mio.-Metropole Nairobi nur 150 km südlich des Äquators liegt, steigt das Thermometer hier selten über 30 Grad. Die angenehmen Temperaturen verdankt die Stadt der Hochlandlage auf 1600 m Höhe.**

Nach Jahren der Vernachlässigung boomt Kenias etwa 110 Jahre alte Hauptstadt wie lange nicht mehr. An allen Ecken und Enden wird gebaut: In Westlands, dem aufstrebenden neuen Zentrum, entsteht derzeit eine glitzernde Skyline aus modernen Hochhäusern. Chinesische Bautrupps errichten im Rekordtempo Autobahnkreuze, Entlastungsstraßen und Stadtautobahnen, um den Dauerstaus in Nairobi ein Ende

Bild: Spitzmaulnashorn im Nairobi National Park

Kenias pulsierendes Herz: Zwischen Kolonialbauten, Hochhäusern und Armenvierteln werden ständig neue Trends geboren

zu machen. Clubs, Cafés und Shoppingmalls drängen sich dicht an dicht. Aber trotz der glitzernden Fassaden: Die Mehrheit der Bevölkerung lebt immer noch in den Armenvierteln wie Kibera oder Mathare, die Touristen selten zu Gesicht bekommen. Hier gibt es keinen Strom, kein Wasser, keine sanitären Anlagen, während in Sichtweite von hohen Mauern umgebene Villen mit Pools von Sicherheitsleuten bewacht werden. Arm und Reich liegen kaum irgendwo sonst so nahe beieinander wie in Nairobi.

Die pulsierende Innenstadt können Sie (tagsüber) getrost zu Fuß erkunden; nach Einbruch der Dunkelheit sind Taxis Pflicht. Für weitere Entfernungen lohnt sich auch tagsüber ein Taxi, günstiger ist eines der Matatu genannten Sammeltaxis. Vergewissern Sie sich vorher bei Mitreisenden, dass es wirklich zum gewünschten Ziel fährt, die Beschriftung ist oft kryptisch. Um in Nairobi selbst Auto zu fahren (Linksverkehr!), braucht man Nerven und viel Mut – wer sich erholen will, ist mit dem Taxi besser beraten.

SEHENSWERTES

ARBORETUM ● (O) (🗺 O)

Nairobis botanischer Garten ist ein perfekter Ort, um sich bei einem Spaziergang vom Chaos der Stadt zu erholen. Am Wochenende treffen sich hier die Einheimischen zu Picknicks und bunten Open-Air-Gottesdiensten. *Tgl., bis Sonnenuntergang | Eintritt frei | Arboretum Drive nahe State House*

Tierpräparate und -skelette im National Museum

AUGUST 7TH MEMORIAL PARK

(U E5) (🗺 e5)

Wo heute ein Park ist, zündeten Anhänger Osama bin Ladens 1998 eine Bombe, die die US-Botschaft in Trümmer legte. Mehr als 200 Kenianer, meist arglose Spaziergänger, starben. Ihre Namen stehen auf einer Gedenkmauer, ein Kunstwerk aus den Überresten der Botschaft und einer benachbarten Bank erinnert an die Wucht der Detonation. *Tgl. 7–18 Uhr | Ecke Moi Ave./Haile Selassie Ave.*

KENYATTA TOWER (U D5) (🗺 d5)

Einen großartigen Blick über Nairobi und – bei klarer Sicht – selbst auf Mount Kenya und Kilimandscharo hat man von der 28. Etage des Kenyatta-Konferenzzentrums. Der Turm, Wahrzeichen Nairobis, ist nicht zu übersehen. *Eintritt ca. 4 Euro | City Hall Way*

INSIDER TIPP KUONA TRUST (O) (🗺 O)

Auf dem großzügigen Areal nicht weit vom Präsidentenpalast *(State House)* haben Künstler ihre Ateliers. Besucher sind willkommen. In dem angeschlossenen Café gibt es wechselnde Ausstellungen, selbst auf dem Rasen sind normalerweise Skulpturen zu sehen. *Mo–Fr 9–17, Sa 10–13 Uhr | Likoni Close, off Dennis Pritt Road | www.kuonatrust.org*

NAIROBI NATIONAL PARK ★

(135 D3) (🗺 G7)

Keine andere Hauptstadt in der Welt hat einen Nationalpark in ihrer Mitte. Zwar wird der Park auf allen Seiten immer mehr zugebaut, doch innen drin merkt man von der Belagerung kaum etwas. Zebras, Antilopen, Krokodile und auch Löwen kann man mit ein bisschen Geduld hier beobachten – im Hintergrund leuchtet die nahe Skyline der Stadt – ein einmaliger Mix. Gerade erst hat im Nationalpark die erste Lodge eröffnet: Das INSIDER TIPP *Emakoko (10 Zi. | Tel. 0787 33 16 32 | www.emakoko.com | €€)* liegt nur eine halbe Stunde vom Flughafen entfernt mitten in der Natur, auf einem Kliff über dem Park. *Tgl. 6–19 Uhr | Eintritt US $ 50 | Langata Road | Langata*

NAIROBI RAILWAY MUSEUM

(U C6) (🗺 c6)

Frisch renoviert ist eines der ältesten Museen der Stadt jetzt wieder einen Besuch wert. Hier stehen alte Dampfloks und der Waggon, den Anfang des vergangenen

Jahrhunderts ein menschenfressender Löwe heimsuchte. Nicht nur wegen solcher Zwischenfälle wurde die Bahnlinie von Mombasa bis zum Viktoriasee schnell *Lunatic Line* (verrückte Eisenbahn) genannt. Alte Fotos erinnern an die ersten Jahre Nairobis. *Tgl. 8–17 Uhr | Eintritt ca. 4 Euro | Station Road*

NATIONAL ARCHIVES (U D4) (*⊡ d4*)
Das prächtige Gebäude des Nationalarchivs gegenüber dem Hilton Hotel, einst Zentrale der Bank of India, ist nicht zu übersehen. Drinnen erwartet Besucher, die nicht gezielt forschen möchten, eine bunte Ausstellung von Dokumenten und Fotos aus Kenias Geschichte. *Mo–Fr 8–16 Uhr | Eintritt ca. 2 Euro | Moi Avenue*

NATIONAL MUSEUM ★ ●
(U A1) (*⊡ a1*)
Der prächtige Neubau zeigt die wertvollen naturkundlichen, ethnografischen und prähistorischen Sammlungen in neuem Licht. In einer separaten Ausstellungshalle sind zudem wechselnde Kunstausstellungen zu sehen. Generalüberholt wurde auch der dem Museum gegenüberliegende *Snake Park,* in dem Mambas, Puffottern und Pythons bewundert werden können. *Tgl. 8.30–17.30 Uhr | Eintritt Museum/Snake Park je ca. 12 Euro, Kombiticket 15 Euro | www.museums.or.ke | Museum Hill*

ONE OFF CONTEMPORARY ART GALLERY ● (O) (*⊡ O*)
In ihrem Haus – selbst ein Kunstwerk, das einer Hobbithöhle gleicht – hat Carol Lees Werke namhafter Gegenwartskünstler versammelt. Zusätzlich zu ihrem einmaligen Bestand veranstaltet die ehemalige Kuratorin des geschlossenen Ramoma-Museums monatlich wechselnde Ausstellungen. Hier dürfen Sie auch kaufen, müssen Sie aber nicht. *Di–So 11–17 Uhr | Rosslyn Lone Tree 17 (hinter Village Market)*

PARLIAMENT (U C6) (*⊡ c6*)
Am südlichen Ende der Innenstadt erstreckt sich das Parlamentsgebäude mit seinem auffälligen Uhrenturm. Die Sitzungen können von der Besuchertribüne aus verfolgt werden, allerdings nur nach Anmeldung *(Tel. 020 2 84 80 00, 020 2 22 12 91).* Direkt neben dem Gebäude brennt am Grabmal von Gründungspräsident Jomo Kenyatta ein ewiges Feuer. *Parliament Road*

ESSEN & TRINKEN

INSIDER TIPP **AMAICA RESTAURANT ●**
(O) (*⊡ O*)
Restaurant mit authentisch kenianischer Küche: Hier können Sie getrost Ugali,

MARCO POLO HIGHLIGHTS

★ National Museum
Frisch renovierter, prächtiger Neubau mit Ausstellungen rund um Kenia und seine Geschichte → S. 61

★ Carnivore
Ziege, Kamel und Strauß: In Kenias beliebtestem Urlauberlokal wird Fleisch großgeschrieben → S. 62

★ Karen-Blixen-Haus
In der Farm am Fuß der Ngong-Berge lebte die dänische Baronin Blixen, bekannt aus „Jenseits von Afrika" → S. 69

★ Nairobi National Park
Ein Stück Wildnis mitten in Kenias Hauptstadt: vorne Nashorn, hinten Skyline → S. 60

Matoke und viele andere Landesspezialitäten zu günstigen Preisen kosten. Vor allem mittags und am Wochenende ist das großzügige, rustikale Lokal gut besetzt. Kinder können sich auf einem riesigen Spielplatz austoben, während die Eltern noch essen. *Tgl. | Getathuru Gardens, off Peponi Road (hinter Spinners Web) | Tel. 0724477663* | €

INSIDER TIPP **BRIDGES ORGANIC HEALTH RESTAURANT** (U B4) *(b4)*

Das gibt es nur hier: authentische kenianische Küche mit Zutaten aus biologisch-organischem Anbau. Viele (nicht alle) Gerichte sind sogar vegetarisch. Mittags, wenn Angestellte aus den nahen Büros hierher strömen, ist es oft schwer, einen Platz zu bekommen. *Tgl. | Trust Mansion Building | Tubman Road, off Koinange Street | Downtown | Tel. 0714047177* | €

CARNIVORE ★ (O) *(O)*

Der Name ist Programm: Hier schneiden Kellner das brutzelnde Fleisch von Spießen direkt auf den Teller. Die Zeiten, als Krokodil oder Antilope serviert wurde, sind (aus Naturschutzgründen) vorbei. Eine weniger touristische Alternative ist der *Simba Saloon* eine Tür weiter, wo die Kenianer saftige Steaks zu sich nehmen. Sa Livemusik und Disko. *Tgl. | Langata Road, hinter Wilson Airport | Tel. 0733611608* | €€

FURUSATO (O) *(O)*

An den Tepanyaki-Tischen bei Nairobis bestem Japaner bereitet der Koch auf der heißen Tischplatte vor Ihren Augen und nach Wunsch Fisch, Krabben, Straußenfilet und andere Köstlichkeiten zu. Wer eher Sushi mag, kann sich getrost aus der großen Auswahl bedienen: Was am Abend an der Sushibar zubereitet wird, wurde meist noch am selben Tag aus dem Meer gezogen. Am Wochenende reservieren! *Mo geschl. | Ring Road Parklands | Westlands | Tel. 0722488706 25* | €€

JAVA COFFEE HOUSE (O) *(O)*

Kaffeespezialitäten aus selbst geröstetem Kaffee sowie zum Essen Burger, Steaks und Fish 'n' Chips stehen im Mit-

Das Carnivore ist berühmt für seine üppigen Fleischgerichte

telpunkt der kenianischen Schnellrestaurantkette. *ABC Place | Westlands; Adams Arcade | Ngong Road; Mama Ngina Street; Limuru Road | Gigiri; Sarit Centre | Westlands; jeweils €*

OPEN HOUSE (O) (*O*)
Von außen unscheinbar, ist das *Open House* eines jener indischen Restaurants, die auch von Kenias kritischer indischstämmiger Bevölkerung besucht werden. Nordindische Tandoorigerichte aus dem Lehmofen gibt es hier ebenso wie die scharfe Küche Südindiens mit Biryanis und Currys. *Tgl. | Centro House | Westlands | Tel. 0727726345 | €€*

OSTERIA DEL CHIANTI (O) (*O*)
Italiener mit großer Auswahl an Steinofenpizzen, selbst gemachter Pasta sowie Fisch- und Fleischgerichten. Abends sind es nach dem Essen nur ein paar Schritte in die benachbarte Cocktailbar *Casablanca*. Die Osteria hat u.a. auch Zweigstellen im Village Market *(Gigiri)* und in Karen. *Tgl. | Lenana Road | Tel. 0724277332 | €€*

PANGO (O) (*O*)
Eines der besten Restaurants der Stadt. Hier wird aufs kleinste Detail geachtet: Die von der französischen Küche beeinflussten Gerichte sind innovativ und aus besten saisonalen Zutaten zubereitet. *Tgl. | im Fairview Hotel | Bishops Road | Upper Hill | Tel. 0202881330 | €€€*

INSIDER TIPP **SEVEN SEAFOOD & GRILL** (O) (*O*)
Hier gibt es den frischesten Fisch und die frischesten Meeresfrüchte, modern und genial einfach zubereitet. Auch wer Fleisch bevorzugt, bekommt 1a-Qualität, knusprig geröstet auf dem Grill. *Tgl. | ABC Place | Waiyaki Way | Tel. 0737776677 | €€€*

INSIDER TIPP **URBAN EATERY** (O) (*O*)
Wenn Sie sich noch nicht sicher sind, ob es Sushi, Indisch, Steak oder Pasta sein soll: Hier sind mehrere Restaurants unter einem Dach, und jeder bestellt, was er oder sie will! Leckeres Essen, gute Cocktails, urbane Atmosphäre! *PWC Tower | Chiromo Road | Westlands | Tel. 0709815000 | €€*

ZEN GARDEN (O) (*O*)
Garten und Häuser sind gestaltet wie eine moderne Tempelanlage. Neben einem *Teehaus,* in dem es von 10 bis 18 Uhr leckere internationale Gerichte (u.a. Pizza und Burger) gibt, werden im *Bamboo-Restaurant* ganztägig außer Thaicurrys auch Sushi und chinesische Wantan frisch zubereitet. *Tgl. | Lower Kabete Road | Westlands | Tel. 0724288791 | €€€*

TAXI

Verlässliche Ruftaxis sind *Jimcab (Tel. 020 7120344)* und *Jatco (Tel. 0725280000).* INSIDER TIPP Patrick Wachira *(Tel. 0733796337)* ist ein zuverlässiger Taxifahrer, der Flughafentransfers und auch Überlandfahrten (im PKW oder im Safaribus) organisiert, genauso wie John Mwangi *(Tel. 0722600369),* der auch Autos verleiht.

EINKAUFEN

CITY MARKET (U C4) (*c4*)
In Nairobis Markthallen tobt das Leben: Morgens wird hier frischer Fisch von der Küste angeliefert, der an Restaurantbesitzer und feilschende Köche verkauft wird. Auch Gemüse, Obst und Gewürze werden hier feilgeboten, ebenso wie Stoffe, Tücher und – in einem abgetrennten Bereich – Körbe, Holz- und Specksteinschnitzereien. Handeln ist Pflicht, und man tut gut daran, auf Geldbörse

Prächtige Farben sind in: Händlerinnen auf dem Massai-Markt

und Handtasche besonders gut aufzupassen. *Koinange Street | Innenstadt*

HOUSE OF TREASURES (O) (*🗺 O*)
Tatsächlich ein Haus voller Kostbarkeiten: Afrikanische Möbel stehen hier neben Skulpturen, Geschnitztes neben raffinierten Leuchten aus Sansibar. Die Preise sind hoch, aber die Auswahl ist für Nairobi einmalig. *Dagoretti Road 70 | Karen*

MASSAI-MARKT (O) (*🗺 O*)
Auf bunten Teppichen legen die Massaihändler ihre Waren aus: von Schnitzereien über Schmuck, Tücher und Taschen bis zu Souvenirs aller Art. Achtung: Hier muss man kräftig handeln! *Do in der Junction Mall | Ngong Road; Fr im Village Market | Gigiri*

INSIDER TIPP **SANDSTORM** (O) (*🗺 O*)
Die kenianische Manufaktur hat sich auf Produkte aus Segeltuch spezialisiert, außer Zelten gibt es Reise- und Handtaschen. Seit einigen Jahren ist eine edle Linie aus Rinds- und Kamelleder dazugekommen. Die Verarbeitung ist erstklassig, die Preise sind im Vergleich zu Europa günstig. *Village Market | Gigiri*

SHOPPING MALLS
In den modernen Einkaufszentren, in denen die kenianische Mittelschicht ihr hart verdientes Geld ausgibt, gibt es neben Kenias Supermarktketten *Uchumi* und *Nakumatt* auch Kinos und Läden aller Art: *Junction (Ngong Road), Sarit Centre (Westlands), Westgate (Westlands), Village Market (Gigiri)* und *Yaya Centre (Argwings Kodhek Road)*

SPINNERS WEB (O) (*🗺 O*)
Hier gibt es Kunsthandwerk von fair bezahlten Werkstätten und Kooperativen aus dem ganzen Land zu Festpreisen, liebevoll ausgestellt in einem großzügigen Herrenhaus. Auch gut, um ein Gefühl für Preise auf den Märkten zu entwickeln. *Getathuru Gardens, off Peponi Road | Westlands*

THE BOOK CENTER (O) (*O*)
Gute Auswahl an Landkarten, afrikanischen Büchern und Reiseführern. *Sarit Center | Westlands* und *Village Market | Gigiri*

FREIZEIT & SPORT

GOLF
Gleich mehrere Golfplätze gibt es in der Hauptstadt; womöglich treffen Sie beim Spiel auf den Präsidenten:
– *Karen Country Club | Karen Road | Karen* (O) (*O*) *| Tel. 0733 60 69 50 | www.karencountryclub.org*
– *Muthaiga Golf Club | Kiambu Road | Muthaiga* (O) (*O*) *| Tel. 020 2 36 84 40*
– *Windsor Golf and Country Club | Garden Estate | Kigwa Road* (O) (*O*) *| Tel. 0722 20 33 61*

MASSAGE
Nichts tut so gut gegen Großstadtstress wie ein Besuch im Spa: Von der Kopfmassage bis hin zum ganztägigen Wohlfühlprogramm ist alles drin; die Preise sind deutlich niedriger als in Europa.
– ● *Wild Earth Spa | The Oval | Ring Road | Parklands* (O) (*O*) *| Tel. 0722 77 55 05*
– *Aromatics Spa | 101 Manyani East Road (off James Gichuru Road) | Kilimani* (O) (*O*) *| Tel. 0722 42 59 05 | www.aromaticsspa.com*

INSIDER TIPP PFERDERENNEN
(O) (*O*)
Beim *Jockeyclub of Kenya* scheint die Zeit stehen geblieben zu sein: So wie die Herrschaften hier am Sonntagnachmittag Rennen begutachten und Wetten abgeben, hat es wohl schon Karen Blixen gemacht. *Meist jeden 2. So im Monat, keine Rennen im Aug./Sept. | Ngong Road | Eintritt ca. 2 Euro | Tel. 0722 41 45 98 | www.jockeyclubofkenya.com*

AM ABEND

BLACK DIAMOND CLUB (O) (*O*)
Angesagte Bar mit jungem Publikum, das vor allem am Wochenende bis in den frühen Morgen tanzt. Wochentags ist es deutlich ruhiger, außer Di, wenn Karaoke angesagt ist. Do gibt es regelmäßig Livekonzerte (kostenlos). *Mpaka Road | Westlands | Tel. 0724 59 23 56*

CASABLANCA (O) (*O*)
In dem einer marokkanischen Kasbah nachempfundenen Club genießt man

LOW BUDG€T

Manyatta Backpackers bietet Zimmer und einen Außenbereich mit Lagerfeuer zum Zelten. Es gibt einen exklusiven Frauenbereich. Restaurant. EZ ab 22 Euro inkl. Frühstück. *Milimani Road | Milimani | Tel. 0712 81 66 03 | www.manyattabackpackers.com*

Milimani Backpackers ist eine Mischung aus Jugendherberge und Zeltplatz mit Übernachtung im Mehrbettzimmer ab 13 Euro inkl. Frühstück. Abends tauschen Rucksackreisende am Lagerfeuer Tipps aus. *St. Helen's Lane | Karen | Tel. 0718 91 90 20 | www.milimanibackpackers.com*

Tagsüber spricht nichts dagegen, wie die Kenianer mit den Matatu-Minibussen durch die Stadt zu fahren – vorausgesetzt, man weiß, wohin man fährt. Die Stadtkarte *The Nairobi Public Service Vehicle Map* gibt es in allen gut sortierten Buchläden für 5 Euro zu kaufen; in ihr sind alle Matatu-Linien mit Nummern eingetragen.

auf Diwanen oder einem Stapel gemütlicher Kissen lagernd leckere Cocktails zu leiser Loungemusik – oder alternativ am aufgeschütteten Sandstrand rund ums prasselnde Lagerfeuer. *Off Lenana Road | Kilimani*

GYPSY BAR (O) (*O*)
Partylocation der über Dreißigjährigen. Hier wird jeden Tag bis spät in die Nacht getrunken und gefeiert. *Woodvale Grove (nahe Barclays Bank) | Westlands | Tel. 0733730529*

INSIDER TIPP **THE JUNIPER KITCHEN** ●
(O) (*O*)
Juniper Kitschen ist kein Club, kein Restaurant, keine Galerie – und doch von all dem ein bisschen. Improvisierter Charme umgibt den Gast, der sich hier im Innen- oder Außenbereich auf einmal bei einer Party, einer Grillsession oder einer Kunstaktion wiederfindet. Unbedingt Ausprobieren! Termine für Sonderaktionen werden auf Facebook bekanntgegeben. *Muthangari Drive off Wayaki Way | Nahe Maxlands | Tel. 0707612585*

KINOS
– *Fox Cineplex | Sarit Centre (2. Etage) | Westlands* (O) (*O*)
– *20th Century | Mama Ngina Street | Innenstadt* (U D4) (*d4*)
– *Century Cinemaxx Prestige Plaza | Ngong Road* (O) (*O*)
– *Starflix Kinos | Village Market | Gigiri* (O) (*O*)
Eintritt ca. 3–10 Euro

KLUB HOUSE 1 (O) (*O*)
Afrikanische Musik (DJs und live), lockeres Dekor und eine immer gut gelaunte Gästeschar machen das *K1* zu einem der Orte, wo man gelassen die Nacht durchtanzen kann. *Ojijo Road | Parklands | Tel. 0717969500*

MERCURY LOUNGE (O) (*O*)
Moderne Yuppiebar, ausgestattet mit viel Chrom, Stahl und Glas. Zur großen Auswahl von Cocktails und Tapas dröhnt elektronische Musik aus den Lautsprechern. *ABC Place, off Waiyaki Way | Westlands | Tel. 0705955311*

INSIDER TIPP **TAMAMBO TAPASBAR**
(O) (*O*)
Versteckt in einem hinteren Winkel der Village-Market-Mall verbirgt sich der Treffpunkt für Jazz- und Funk-Liebhaber. Freitags und samstags gibt es gute Live Acts. *Village Market | Gigiri | Tel. 0722385089*

ÜBERNACHTEN

FAIRVIEW HOTEL (O) (*O*)
Hotel im Kolonialstil, umgeben von Jakarandas und einer weitläufigen Gartenlandschaft. Zehn Fußminuten zur City. *127 Zi. | Bishops Road | Upper Hill | Tel. 0202881000 | www.fairviewkenya.com* | €€€

KAHAMA HOTEL (O) (*O*)
Das Hotel liegt in einer betriebsamen Gegend nicht weit von der Innenstadt, ist aber dennoch ruhig. Freundlicher Service. *47 Zi. | Muranga'a Road | Ngara | Tel. 0712379780 | www.kahamahotels.co.ke* | €

NORFOLK HOTEL ● (U B2) (*b2*)
Das traditionsreichste Hotel der Stadt wurde bereits 1904 eröffnet. Hier übernachteten schon Franklin D. Roosevelt, Winston Churchill und Ernest Hemingway, ebenso wie Karen Blixen und Barack Obama. Auf der Lord-Delamere-Terrasse wird feinster britischer High Tea serviert. *170 Zi. | Harry Thuku Road | Tel. 0202265000 | www.fairmont.com/norfolkhotel* | €€€

OLE SERENI HOTEL (O) (*O*)
Neues Großhotel unter indischer Leitung, günstig zwischen Innenstadt und Flughafen gelegen. Von der Dachterrasse schaut man in den Nairobi-Nationalpark. *134 Zi. | off Mombasa Road | Tel. 0732919000 | www.ole-sereni.com* | €€€

SAFARI PARK HOTEL (O) (*O*)
Riesige Ferienanlage am Stadtrand, die keine Touristenwünsche offen lässt: Pool, Tennisplätze, Kasino, Animationsprogramme, Disko. *204 Zi. | Thika Road | Nairobi | Tel. 020 3 63 30 00 | www.safaripark-hotel.com* | €€€

INSIDER TIPP **SANKARA NAIROBI**
(O) (*O*)
Hotelpalast im Zentrum von Westlands: Moderne Zimmer, ein großzügiger Spa, modernes Design mit viel Licht und die erstklassigen Restaurants sorgen für ein tolles Hotelerlebnis. *156 Zi. | Woodvale Grove | Westlands | Nairobi | Tel. 020 4 20 80 00 | www.sankara.com* | €€€

SOUTHERN SUN MAYFAIR NAIROBI
(O) (*O*)
Angenehmes Hotel mit viel Grün, dennoch nicht weit vom Zentrum von Westlands entfernt. Pool, Fitnesscenter, Restaurant. *171 Zi. | Parklands Road | Parklands | Tel. 020 3 74 09 20 | www.tsogosunhotels.com/hotels/nairobi* | €€€

INSIDER TIPP **TOWN LODGE** (O) (*O*)
Ableger des Fairview-Hotels, gut gelegen, und das Preis-Leistungs-Verhältnis ist konkurrenzlos. Wifi. *84 Zi. | 2nd Ngong Rd. | Upper Hill | Tel. 02 02 88 15 96 | www.clhg.com* | €€

TRIBE (O) (*O*)
Businesshotel mit kabellosem Internet, Konferenzräumen und plüschigen, luxuriös ausgestatteten Zimmern. Der wahre Hit ist aber die Lage gleich neben dem Village Market, einem der größten Einkaufszentren der Stadt. *137 Zi. | Village Market | Gigiri | Tel. 020 72 00 00 00 | www.tribehotel.com* | €€€

Modern, komfortabel, zentral: Hotel Tribe am Village Market

Abenteuerspielplatz für Fortgeschrittene: Wasserfälle des Athi River bei Thika

AUSKUNFT

Was wann los ist, erfährt man aus den Tageszeitungen, der wöchentlich erscheinenden Gratiszeitung *Kenya BUZZ (www.kenyabuzz.com)* und dem jungen Stadtmagazin *up (www.upnairobi.com)*. Die beiden Letzteren liegen kostenlos in Cafés und Einkaufszentren aus.

FREMDENVERKEHRSBÜRO

(U B4) (*🕮 b4*)

Utalii House | Uhuru Highway | Tel. 020 31 30 10

ZIELE IN DER UMGEBUNG

AFRICAN HERITAGE HOUSE ●

(134 C3) (*🕮 F–G7*)

Das Haus des Kunstsammlers Alan Donovan ist schon von außen selbst ein Kunstwerk: Die interessante Lehmarchitektur ist westafrikanischen Traditionen nachempfunden. Drinnen hütet Donovan eine beeindruckende Sammlung von afrikanischer Kunst und Kunsthandwerk. Von der Dachterrasse blickt man direkt in den Nairobi-Nationalpark. Auf Voranmeldung kann man das Haus besuchen, die Kunstsammlung besichtigen, sich mit dem Hausherrn unterhalten oder auch zu Mittag essen, auch Übernachtungen sind möglich *(€€€). Tel. 0721 51 83 89 | ahalan@africaonline.co.ke*

ATHI RIVER/FOURTEEN FALLS

(135 E2) (*🕮 G–H7*)

Vor den Toren Nairobis – ca. 60 km sind es bis zu den Fällen – bildet der Athi River eine wildromantische Landschaft mit vierzehn hintereinander liegenden Wasserfällen. Am Wochenende ein beliebter Treffpunkt für Kenianer und Expats, die hier picknicken. *Ab Thika 12 km in Richtung Garissa, dann der Ausschilderung folgen*

BOMAS OF KENYA (134 C3) (F7)

Das Freilichtmuseum vermittelt einen Eindruck von der ethnischen Vielfalt Kenias: Hier können Sie die Hütten diverser Stämme besichtigen und mit den „Bewohnern" ins Gespräch kommen. Massai in Kriegsschmuck etwa lassen sich hier – anders als im Rest des Landes – gern fotografieren. Mo–Fr ab 14.30 Uhr (Sa/So 15.30 Uhr) legen sie auch eine Tanzvorführung ein. *Tgl. 9.30–18 Uhr | Eintritt ca. 6 Euro | Langata Road | Langata*

KAREN-BLIXEN-HAUS ★ (134 C3) (F7)

Das Haus, in dem die dänische Baronin Karen Blixen 17 Jahre lang als Kaffeefarmerin verbrachte, wurde durch die Verfilmung ihrer Autobiografie als „Jenseits von Afrika" weltberühmt. Im Haus und im Garten am Fuß der Ngong-Berge bekommt man ein Gefühl dafür, wie hart das Leben der Siedler Anfang des vergangenen Jahrhunderts gewesen ist. Übrigens: So bekannt ihr Leben im Ausland ist, in Kenia kennt kaum jemand Blixen oder ihre Geschichte. *Tgl. 9.30–18 Uhr | Eintritt ca. 11 Euro | Karen Road | Karen*

INSIDER TIPP KIAMBETHU FARM (134 C2) (F7)

Kenia ist die größte Tee-Exportnation der Welt. Wer sehen will, wie die Teepflanzen gehegt, die Blätter geerntet und verarbeitet werden, kann das auf *Kiambethu Farm* der Familie McDonell, die hier seit 100 Jahren Tee kultiviert. Auf einen Rundgang folgt ein Mittagessen. *Limuru (45 Min. von Nairobi) | Tel. 07 33 76 99 76 | www.kiambethufarm.com*

NGONG-BERGE (134 C3) (F8)

Von den Hügeln, die aus der Ferne aussehen wie Fingerknöchel (das bedeutet *Ngong* in der Sprache der Massai), genießt man einen atemberaubenden Ausblick ins Rift Valley, den ostafrikanischen Grabenbruch. Bei klarer Sicht kann man von hier sogar den Gipfel des gut 300 km entfernten Kilimandscharo sehen. Die Anfahrt (20 km von Nairobis Zentrum) ist unproblematisch. Für die Wanderung selbst ist es aber nötig, einen bewaffneten Polizisten (an der Eintrittsbarriere gegen geringen Betrag) mitzunehmen: Es hat hier schon häufiger Überfälle gegeben.

SICHERHEIT

Der Ruf von Nairobi, das von Einheimischen und vielen Urlaubern der zahlreichen Überfälle wegen zynisch „Nairobbery" genannt wird, ist schlimmer als die Wirklichkeit. Die meiste Kriminalität spielt sich in Vierteln ab, die Urlauber nie betreten – und, wie in anderen Ländern auch, in den eigenen vier Wänden. Trotzdem ist es wichtig, einige Vorsichtsmaßnahmen zu beherzigen. Streifen Sie vor allem abends nicht ziellos umher, sondern überlegen Sie sich vorher, wohin Sie wollen. Die goldene Uhr oder die dicke Brieftasche bleibt am besten im Hotel – tragen Sie ein paar Scheine, auch kleine, griffbereit in der Hosentasche. Einige Viertel sollten Sie meiden: die River Road, an deren Ende sich die Matatu genannten Kleinbusse drängeln; den Uhuru-Park nach Einbruch der Dunkelheit, Slums und Armenviertel sowieso. Wenn doch etwas schiefgeht: Machen Sie widerstandslos, was die Täter von Ihnen verlangen.

DER SÜDWESTEN

Der Südwesten ist Kenias Safariland: Wer wegen der Tierwelt nach Kenia gekommen ist, kommt um die Masai Mara nicht herum. Zu ihren Stars gehören Löwen, die sich in der lichten Savanne faul die Sonne auf den Pelz scheinen lassen, und Geparden, die in Turbogeschwindigkeit Antilopen zu Fall bringen.

Das Rift Valley lockt mit atemberaubenden Panoramen. Nicht mal eine Stunde von Nairobi entfernt geht es abrupt in die Tiefe. Der große Grabenbruch zieht sich über 6000 km vom Toten Meer bis nach Mosambik. Seit 18 Mio. Jahren bewegen sich hier zwei Landmassen auseinander – die Folge ist vulkanische Aktivität, die im Rift Valley bis heute anhält. Kenia teilt der fast 500 km lange Graben von Nord nach Süd. Mittendrin liegen Kenias große Seen. Die meisten sind mit alkalischer Lauge anstatt mit Frischwasser gefüllt. Malerische Vulkankegel erheben sich aus der Talsohle. Weiter westlich beginnt das Teeland: Endlose Plantagen beherrschen die Szenerie, unterbrochen vom Kakamega-Wald, dem letzten Rest von Kenias einst üppigen tropischen Regenwäldern. Ganz weit im Westen erstreckt sich Kenias zweite Küste am riesigen Viktoriasee, dem größten See des Kontinents.

KISUMU

(132 C1) (🕮 B5) **Die gemütliche Stadt am Kavirondo-Golf, einem Ausläufer des Viktoriasees, ist Zentrum und Tor zum dicht besiedelten Westen Kenias.**

Bild: Löwen in der Masai Mara

Im Land der Löwen und Antilopen: Zwischen Rift Valley und Viktoriasee liegt ein einzigartiges Safariparadies

Mehr als eine halbe Million Menschen leben hier, viele von ihnen als Fischer, die jeden Tag in den Golf oder auf den offenen See hinausfahren.

Entlang der Oginga Odinga Road gibt es die meisten Geschäfte. Lebendig geht es auf dem Markt am See-Ende zu, wo die Fischer ihren Fang anlanden. Die in Kisumu lebenden Luo, Kenias drittgrößte Volksgruppe, sind bis heute ihren Traditionen eng verbunden. Jeder Luo muss nach dem Tod in seinem Heimatdorf begraben werden, damit sein Geist nicht die Familie verfolgt. Und in entlegenen Fischerdörfern hat der Zauberheiler bis heute mehr Einfluss als der gewählte Bürgermeister. Malaria ist rund um den Viktoriasee so verbreitet wie nirgends sonst in Kenia. Sie sollten sich unbedingt vor Stichen schützen und womöglich für Prophylaxe sorgen. Im See baden sollte man nicht, das Wasser ist fast überall mit Bilharziose verseucht.

Ein Nachtzug verbindet Nairobi und Kisumu (Fahrtzeit ca. 12 Std.); etwas schneller geht es mit den Bussen, die

Straßenszene in Kisumu, der lebhaften Stadt am Viktoriasee

allerdings gerade auf dieser Strecke für ihre rücksichtslose Fahrweise (und viele Unfälle) berüchtigt sind. Am schnellsten kommt man mit dem Flugzeug nach Kisumu. Der kleine Flughafen wird mehrmals täglich angeflogen.

SEHENSWERTES

HIPPO POINT

Wenn die Sonne im See versinkt, kann man ihr an dieser ausgeschilderten Stelle südlich der Stadt (nahe Sunset Hotel) dabei zusehen – und einen Sundowner zu sich nehmen, denn die Terrasse mit Ausblick gehört zu einem kleinen Restaurant direkt am Ufer. Manchmal tummeln sich hier auch Flusspferde im Wasser.

INSIDER TIPP IMPALA SANCTUARY

Kleiner Park am Rand des Viktoriasees, der Spaziergängern eine erholsame Verschnaufpause von der lauten Stadt bietet. Im Park laufen Impalas frei herum, im nahen *Kiboko Bay Resort* kann man den Blick auf den See genießen. *Parkeintritt 25 US $*

KISUMU MUSEUM

Die kleine, aber sehenswerte Ausstellung informiert über Kultur und Alltag der Luo und anderer Volksgruppen der Region. *Tgl. 8.30–18 Uhr | Eintritt ca. 5 Euro | Nairobi Road*

ÜBERNACHTEN

IMPERIAL HOTEL

Teils 70er-Jahre-Charme, teils renoviert; das erste Haus am Platz. *78 Zi. | Jomo Kenyatta Highway | Tel. 073 720 22 60 | www.imperialhotel kisumu.com* | €

SUNSET HOTEL

Fünfstöckiges ehemaliges Staatshotel mit Blick auf den See. *50 Zi. | Jomo Kenyatta Highway | Tel. 07 33 41 10 01* | €

ZIELE IN DER UMGEBUNG

KAKAMEGA NATIONAL PARK ★

(128 C5) (*B–C4*)

Umgeben von Farmland erhebt sich nur anderthalb Autostunden von Kisumu entfernt majestätisch Kenias letzter Rest eines Regenwaldgürtels, der sich einst vom Kongobecken bis tief nach Kenia hinein erstreckte. Von Nairobi aus gibt es mehrmals wöchentlich direkte Flüge mit *Fly540 (s. Praktische Hinweise, Inlandsflüge, S. 117).* In den Jahrhunderte alten Baumriesen leben sieben verschiedene Affenarten, unter ihnen der imposante, schwarz-weiß gefärbte Colobus und der Potto, ein nachtaktiver Faulnasenaffe, der sich von Baum zu Baum schwingt. Mehr als 400 Schmetterlingsarten sind ebenso im Kakamega beheimatet wie über 350 Vogelarten. Am schönsten ist ein Besuch zwischen April und Juli, wenn es überall grünt und blüht. Für Naturromantiker: Mitten im Wald liegt das verwunschene *Rondo Retreat (18 Zi. | Tel. 0562030268 | www.rondoretreat.com | €€)*, eine komfortable Unterkunft. *Parkeintritt 25 US $*

KOGELO ★ (128 B6) *(🗺 B5)*

Das kleine Dorf Kogelo ist Kenias neueste Touristenattraktion: Hier ist der Vater von Barack Obama geboren und begraben, und Sarah, die Großmutter des ersten schwarzen US-Präsidenten, lebt hier bis heute. Die bescheidene alte Dame bestellt tagsüber ein kleines Maisfeld, wenn nicht gerade wieder eine internationale Delegation vorbeischaut. Um unliebsame Besucher zu vertreiben, hat die Polizei eine Leibgarde an ihrem Tor abgestellt. Zu sehen gibt es vor allem für diese Region typisches Dorfleben und Schulen, Hütten und Ziegen (!), die nach Obama benannt sind. Wer sich Zeit nimmt und mit den B◂ohnern ein Senator-Bier teilt, wird zudem viele Geschichten von Obamas zahlreichen Besuchen in Kogelo hören. Ein Besuch in Kogelo ist von Kisumu aus ein perfekter Tagestrip: Egal, welchen Taxifahrer Sie fragen, den Weg ins gut zwei Stunden entfernte Kogelo kennt mittlerweile jeder.

RUSINGA ISLAND (132 A2) *(🗺 A5)*

Strandurlaub einmal anders: Die kleine Insel im Viktoriasee ist nicht nur für Angler einen Besuch wert, die von hier aus Nilbarsch und Tilapia angeln gehen können, auch Strandurlauber kommen auf ihre Kosten. Touristen wohnen in der INSIDER TIPP *Rusinga Island Lodge (11 Zi. | Tel. 0723423129 | www.rusinga.com | €€€)*, einer luxuriösen Unterkunft, die den besten Strandhotels in nichts nachsteht. Auf Rusinga befindet sich zudem eine prähistorische Ausgrabungsstätte, wo Mary Leakey den Schädel des Proconsul Africanus, eines Vorfahren des Menschen, der vor drei Millionen Jahren lebte, entdeckt hat. Eine Statue ehrt Tom

MARCO POLO HIGHLIGHTS

★ Masai Mara
Löwen, Leoparden und Geparden: In Kenias berühmtestem Nationalreservat warten die Big Five und vieles mehr → S. 78

★ Lake Nakuru
Ein Traum in Rosa: Der Nationalpark ist die Heimat Tausender Flamingos und zahlreicher Nashörner → S. 77

★ Kakamega National Park
Ein Stück Regenwald: In uralten Baumriesen hausen Affen, dazwischen flattern seltene Schmetterlinge → S. 72

★ Kogelo
Heimatdorf von Kenias berühmtestem Sohn: Barack Obamas Oma lebt bis heute hier → S. 73

Mboya, einen der prominentesten Luo-Politiker, der 1969 unter bis heute ungeklärten Umständen in Nairobi ermordet wurde.

KITALE

(129 D2) (🕮 C2) **Am Fuß des mächtigen Mount Elgon, eines erloschenen Vulkans, liegt die kleine, von weißen Siedlern errichtete Siedlung.**
Fly540 fliegt Kitale von Nairobi aus mehrmals wöchentlich an. Die kleine Stadt ist das Tor zu zwei nahen, wenig besuchten Nationalparks.

ÜBERNACHTEN

KITALE CLUB

Das Clubhaus des Golfclubs von Kitale aus den 1930er-Jahren versprüht bis heute einen einmaligen, kolonialen Charme. Die 18 Löcher sind bespielbar. *36 Zi. | Eldoret Road | Tel. 054 3 13 38 | €*

ZIELE IN DER UMGEBUNG

MOUNT ELGON NATIONAL PARK

(128 B–C2) (🕮 B2)
Die verwunschene Wildnis wird nur von ein paar Dutzend Urlaubern pro Jahr besucht. 40 km von Kitale entfernt ist das *Chorlim Gate;* von hier startet man mit einem Ranger in den Park. Ein Marsch auf Elefantenpfaden durch Bambusdickicht und Gehölz führt u.a. zur *Kitum Cave,* einer Höhle, in der sich nachts die Elefanten sammeln, um das hier natürlich vorkommenden Salz aufzulecken. *Parkeintritt 30 US $*

In der Kitum Cave treffen sich nachts die Elefanten, um Salz aus dem Fels zu lecken

INSIDER TIPP SAIWA SWAMP NATIONAL PARK

(129 D2) (🕮 C2)
Nur eine halbe Stunde Fahrt von Kitale entfernt liegt Kenias kleinster Nationalpark. Die einsame Sumpflandschaft lässt sich bequem zu Fuß erwandern. Von den Pfaden und den vier Aussichtstürmen kann man die seltene Sitatunga-Antilope beobachten. *Parkeintritt 25 US $*

LAKE MAGADI

(134 B4–5) (*E8–9*) **Eine Szenerie wie auf einem fremden Planeten: Nur anderthalb Autostunden von Nairobi entfernt liegt der zweitgrößte Sodasee der Welt. Statt Wasser bedeckt eine im heißen Sonnenlicht weiß-rosa flirrende, dicke Kruste die flache Seepfanne.**

So heiß wie hier ist es fast nirgends sonst in Kenia: 40 Grad sind keine Seltenheit. Das meiste Seewasser verdampft deshalb, übrig bleibt Soda, das hier im großen Stil abgebaut wird. Die Arbeit ist hart, aber lukrativ: Wer eine Stelle bei *Magadi Soda* antritt, verdient gut und wohnt in einem der modernen Reihenhäuser, an denen man auf dem Weg zum See vorbeifährt. Ein Damm führt sicher über die unwirkliche Oberfläche. Von hier aus lassen sich Pelikane und Flamingos auf den spärlichen Wasserflächen beobachten.

LODGE

INSIDER TIPP **LOISIIJO LODGE SHOMPOLE** (134 B5) (*E9*)

Die aus Naturmaterialien gebauten Hütten im 90 Min. entfernten Nguruman-Escarpment sind nach außen offen – näher kann man der Natur nicht sein. *4 Zi. | Tel. 020 353 33 38 | www.loisiijolodgeshompole.org* | €€

ZIEL IN DER UMGEBUNG

OLORGESAILIE (134 B4) (*F8*)

Auf halber Strecke zwischen Nairobi und dem Magadisee befindet sich die prähistorische Fundstelle von *Olorgesailie*, wo Mary und Louis Leakey in den 1940ern Überreste und Werkzeuge des Homo erectus fanden. Vor 200 000 Jahren befand sich hier ein See, an dessen Ufer zahlreiche Tiere und Vorfahren des Menschen lebten. Von Stegen aus können Sie die Grabungen beobachten. Im Museum werden die Zusammenhänge erklärt. Neben der Ausgrabungsstätte stehen *Bandas* (Hütten), die günstig vermietet werden *(ca. 9 Euro pro Nacht)*.

LAKE NAIVASHA

(134 B1) (*E–F6*) **Nur eine Stunde auf der gut ausgebauten Schnellstraße von Nairobi entfernt liegt der Naivashasee, einer der nur zwei Süßwasserseen**

LOW BUDG€T

Vor den Toren der Masai Mara gibt es mehrere Campingplätze, auf denen man für wenige Euro übernachten kann, u.a. neben dem Oloolaimutiek-, Oldoololo- und Talek-Gate. Info bei *Game Trackers* (s. S. 118) oder den Rangern an den Toren. Wasser, Verpflegung, Zelte selbst mitbringen!

Am Lake Naivasha bietet *Fisherman's Camp (Zeltplatz, 7 Bandas, ein Cottage)* preiswerte Unterkunft direkt am See. *Moi South Lake Road | Tel. 0726 87 05 90 | fishermanscamp.com*

Die *Karibuni-Lodge* in Kitale ist einer der wenigen Backpackers im Westen Kenias und eine gute Ausgangsbasis für Mount Elgon und Saiwa Swamp. Die Inhaber organisieren auch Touren. *10 Zi. | nahe Total-Tankstelle | Tel. 07 06 04 36 18 | www.karibunikitale.com*

im Grabenbruch – von der Hauptstadt aus ein idealer Tagesausflug.
Das einst idyllische Ufer ist inzwischen von Blumenfarmen gesäumt, die dem See Wasser entziehen. Aus dem früher schläfrigen Bauerndorf *Naivasha* ist zudem eine von Arbeitern und Arbeitssuchenden bevölkerte Ortschaft geworden, die man nachts meiden sollte. Urlauber zieht es deshalb vor allem in eine der Lodges oder eins der Häuser, die reiche Kenianer am Ufer errichtet haben, häufig mit eigenen Gärten, durch die Wildtiere auf der Suche nach Wasser laufen – da fühlt man sich fast wie im Nationalpark.

SEHENSWERTES

CRESCENT ISLAND
Auf der kleinen, sichelförmigen Insel leben Gazellen und Wasserböcke, zwischen denen man spazierengehen kann. Zu erreichen ist die Insel mit dem Boot vom *Lake Naivasha Country Club*, dessen Rezeption die Überfahrt durch den mit Flusspferden bevölkerten See organisiert.

ELSAMERE
Das einstige Domizil der Löwenforscherin Joy Adamson („Frei geboren") und ihres Mannes George ist heute eine Forschungsstation, in der die Arbeit der beiden fortgesetzt wird. Benannt ist sie nach der Löwin Elsa, die die Adamsons hier aufzogen. Besucher sind nachmittags zum High Tea willkommen. *Tgl. 15–18 Uhr | Eintritt ca. 6 Euro | wenige Kilometer hinter Fisherman's Camp auf der Seeseite| www.elsamere.com*

HELL'S GATE NATIONAL PARK
Hell's Gate ist einer der wenigen Nationalparks in Kenia, den man ohne Ranger zu Fuß oder INSIDER TIPP per Rad erkunden kann. Besonders lohnend: der ausgeschilderte Wanderweg durch eine malerische Schlucht zum 25 m hohen Vulkankegel *Fischer's Tower,* der nach einem deutschen Entdecker benannt ist. *Parkeintritt 30 US $*

ÜBERNACHTEN

LAKE NAIVASHA COUNTRY CLUB
Das älteste Hotel am See war einst Kenias einziger Flughafen, damals landeten Wasserflugzeuge auf dem Weg nach Südafrika hier zwischen. *50 Zi. | Tel. 0703048000 |* €€€

MOUNT LONGONOT LODGE
Wunderschöne Lodge zu Füßen des Mount Longonot mit Blick auf den Naivashasee. Sympathische Gastgeber – ein Wohlfühlort! *12 Zi. | Tel. 0700203039 | www.mtlongonotlodge.com |* €€€

INSIDER TIPP OLERAI HOUSE
Das Heim des Elefantenforscherpaars Douglas-Hamilton mit individuellen Zimmern aus recycelten Baustoffen und

Naturmaterialien und einer der besten Vollwertküchen des Landes. Beim Lunch im Garten trotten Zebras vorbei. *6 Zi. | Tel. 0713 03 78 86 | www.olerai.com | €€€*

LAKE NAKURU

(130 A4–5) (*E5*) ★ **Der Nakurusee ist Kenias Vogelparadies: Neben Pelikanen, Kormoranen, Reihern und Ibissen färben Tausende Flamingos den See pink, wenn sie auf ihrer Durchreise Station machen. Rund um den See leben auf engstem Raum Dutzende Tierarten.** Vor allem Breitmaulnashörner sind nirgends in Kenia so häufig zu sehen wie hier. Weil der Park mit einem Zaun umgeben ist, der auch die umliegenden Farmen schützen soll, leben die Nashörner gut geschützt – ebenso wie die seltenen Rothschild-Giraffen. Die intensive Landwirtschaft macht den Tieren dennoch zu schaffen: Der See schrumpft stetig, zeitweise muss die Nationalparkbehörde Wasser zupumpen. *Parkeintritt 80 US $*

ÜBERNACHTEN

INSIDER TIPP **MAILI SABA**

Gemütliche Bandas mit Panoramablick in den Menengaikrater. Der Nationalpark ist 20 Min. entfernt. *10 Zi. | Tel. 050 5 08 45 | www.mailisabacamp.com | €*

SAROVA LION HILL LODGE

Etwas betagte, aber sympathische Herberge im Park mit Pool, Bar und Restaurant. *65 Zi. | Tel. 020 2 71 44 44 | www.sarovahotels.com | €€*

ZIEL IN DER UMGEBUNG

LAKE ELMENTAITA (130 A5) (*E5–6*)

Der früher touristisch kaum erschlossene See mausert sich zur Alternative zum Naivashasee: Hier sind die Ufer noch frei zugänglich, und die Natur ist noch fast

Tausende von Flamingos verwandeln den Lake Nakuru in ein rosafarbenes Meer

unberührt. Der Sodasee ist die Heimat vieler Vogelarten, auch Flamingos brüten hier. 2011 eröffnete im Reservat Soysambu das *Lake Elmentaita Serena Camp (24 Zelte | Tel. 020 2 84 23 33 | www.serenahotels.com/serenaelmenta ita | €€€)*, das neben Seeblick auch Pool und Spa bietet. Hier oder über die *Lake Nakuru Lodge (Tel. 0720 40 44 80)* kann man ein einmaliges Erlebnis buchen: eine INSIDER TIPP Ballonfahrt in den Sonnenaufgang hinein. Am Horizont ragen die Aberdares auf, unter Ihnen der glitzernde See und die rosafarbenen Flamingos ...

MASAI MARA

(132–133 C–E 4–6) (C7–8/D8) **Die ★ ● Masai Mara (1510 km²) ist ein Muss für jeden, der zur Fotosafari nach Kenia kommt – nicht nur von August bis Oktober, wenn die große Migration in der Masai Mara Station macht.**

In der von Akazienwäldern und Hügeln durchbrochenen, meist offenen Savanne sieht man so viele Tiere wie in keinem anderen Nationalpark. Löwen und Geparden leben hier; Hyänen und Schakale sind oft zu sehen. Dazu streifen Zebras, Antilopen, Büffel und andere Herdentiere durch die Savanne – ein Paradies für Tierfreunde. Die Masai Mara ist mit dem Auto von Nairobi aus in 5–6 Stunden zu erreichen. Die meisten Urlauber fliegen zu einem der Landestreifen, die in und um die Masai Mara herum existieren. Ein klassisches *Package* mit Hin- und Rückflug und zwei Übernachtungen gibt einen guten Einblick in die Wunder der Masai Mara. *Parkeintritt 80 US $*

SEHENSWERTES

TIERWANDERUNG

Jedes Jahr wiederholt sich in der Masai Mara das größte Spektakel, das die Tierwelt zu bieten hat. Wenn in der südlich gelegenen Serengeti die Nahrung ausgeht, versammeln sich Hunderttausende Gnus, Zebras und Antilopen zu einer Wanderung, die bis zu drei Millionen Tiere in die Masai Mara führt. Sobald in der Mara die Nahrung wieder knapp wird,

Masai Mara: Ein Gepard verschafft sich Überblick

geht es zurück. Engpass in beide Richtungen ist der Mara-Fluss, den die Tiere überqueren müssen: Dazu sammeln sie sich zu Tausenden zunächst zögerlich am Ufer, bis sich die ganze Herde wie auf ein geheimes Zeichen hin in die von Krokodilen wimmelnden Fluten stürzt. Der Boden bebt, ein kollektives Stöhnen liegt in der Luft, der Strom färbt sich blutrot – ein archaisches Naturerlebnis, das man mit allen Sinnen wahrnehmen kann. Tiere, die die Krokodile überleben, werden häufig Opfer der Raubkatzen, die während der Migration ein Festmahl feiern.

FREIZEIT & SPORT

IM HEISSLUFTBALLON ÜBER DIE MASAI MARA

Früh morgens über Tierherden hinwegschweben, die Lautlosigkeit nur ab und zu vom Fauchen des Gasbrenners unterbrochen: ein einmaliges Erlebnis. An klaren Tagen reicht der Blick weit über die Mara hinweg. Aus der Höhe sieht man die Herden durch die Savanne ziehen, dann schwebt der Ballon nur wenige Meter über einem Elefanten oder einem Löwenrudel hinweg. *Buchung über alle Lodges | Preis ca. 450 US $*

LODGES

BASECAMP MARA (133 D5) *(C8)*

Voll ökologisches Camp mit Solarpanelen, Komposttoiletten und vollem Komfort. Die Zelte mit Holzbalkonen haben angeschlossene Duschen unter dem Sternenhimmel. *12 Zi. | Tel. 0733333909 | www.basecampexplorer.com* | €€€

INSIDER TIPP MARA BUSHTOPS

(133 D5) *(C–D8)*

Luxuriöser kann Safari nicht sein: Die riesigen Zelte mit Veranda (und Pool!) sind so gemütlich, dass man den ganzen Tag

Ein Guide hält Ausschau nach Großwild

hier verbringen könnte. Wenn die Sonne untergeht, lockt der Sundowner am Lagerfeuer, dann ein Dinner plus Wein. *12 Zi. | Tel. 0727695452 | www.bushtopscamps.com/mara* | €€€

MARA SERENA (132 C5) *(C7–8)*

Die als Häuschen entlang einer Dorfstraße gestalteten Zimmer haben alle Mara-Blick. Mit Glück lassen sich die Gnuherden beobachten, wie sie den Mara-Fluss queren. *74 Zi. | Tel. 0722203420 | www.serenahotels.com* | €€€

MARA SIRIA (132 C4) *(C7)*

Der Blick vom Frühstückstisch auf den Fluss ist atemberaubend, die Lage am Rand des Siria-Plateaus einmalig. Den Titel „ökologisches Luxuscamp" nehmen die deutschen Betreiber ernst: Der Komfort ist hoch, der Fußabdruck, den die Gäste in der Wildnis hinterlassen, dennoch minimal. *14 Zi. | Tel. 0205230066 | www.mara-siria-camp.com* | €€€

HIGHLANDS UND DER NORDEN

Eine Reise in den Norden ist eine Reise in die unbekannte Hälfte Kenias. Über der grünen Landschaft des Hochlands thront der schneebedeckte, rau gezackte heilige Berg der Kikuyu, der Mount Kenya, mit 5199 m der höchste Berg des Landes (der Kilimandscharo liegt auf tansanischem Boden).

Weiter nördlich beginnt die Halbwüste, das Land der Nomaden, die der lebensfeindlichen Umgebung gegen alle Widerstände ihren Lebensunterhalt abtrotzen. Besucher erleben hier nicht nur eine der spektakulärsten Landschaften Kenias, sondern auch eine ganz eigene Tier- und Pflanzenwelt, die sich von der im Rest des Landes vollkommen unterscheidet. Die Bevölkerung im Norden Kenias ist bis heute ihren Traditionen verhaftet, auch deshalb, weil der Norden von der Entwicklung im Rest des Landes weitgehend abgehängt ist.

ABERDARES

(130 B4–5) (*🗺 F5–6*) ★ **In die unwegsamen Wälder dieses bis zu 4000 m hohen Gebirgszuges zogen die Mau-Mau-Rebellen sich in den 1950er-Jahren vor den britischen Truppen zurück und konnten so weiter für die Unabhängigkeit kämpfen.**

Bis heute leben in den von Mooren durchzogenen dichten Wäldern geschätzte 6000 Elefanten, Leoparden, Büffel und die seltene Bongo-Antilope. Die Landschaft im stets kühlen Wald

Bild: Bergmassiv des Mount Kenya

Auf ins Abenteuer: Rund um den Mount Kenya locken Privatreservate – und weiter nördlich folgt die Einsamkeit

der Aberdares ist atemberaubend: enge, tiefe Täler, an deren Flanken Wasserfälle Dutzende Meter in die Tiefe rauschen. Die Aberdares sind das wichtigste Wassereinzugsgebiet des Landes. Seit Jahren tobt deshalb ein Konflikt zwischen Umweltschützern und Siedlern, die den Wald von den Rändern her brandroden und ihn damit Jahr für Jahr verkleinern. Noch größer ist der Schaden, den korrupte Unternehmer mit illegalem Holzeinschlag im großen Stil verursachen. *Parkeintritt 65 US $*

LODGES

THE ARK ● (130 C4) (*G5*)
„Die Arche" liegt in einem Teil des Parks, der nur denen zugänglich ist, die hier übernachten. Die Lodge trägt ihren Namen wegen der schiffsähnlichen Form; die Zimmer sind wie Kabinen gestaltet. Auf Stegen, die mehrere Meter über dem Boden montiert sind, können Sie u. a. die Vogelwelt in den Wipfeln beobachten. Abends sammeln sich Tiere auf einer flutlichtbeschienenen Lichtung, um

den mineralreichen Boden abzulecken. Kinder sind erst ab sieben Jahren zugelassen. *60 Zi. | Tel. 0737799990 | www.thearkkenya.com* | €€€

INSIDER TIPP FISHING LODGE
(130 B5) (*F6*)
Bandas für Selbstversorger über einem murmelnden Fluss, die Ranger helfen beim Besorgen des Feuerholzes. Einzige Ausgangsbasis, um mehr vom Park zu sehen. *6 Zi. | Tel. 0202379407 | www.kws.org* | €

TREE TOPS (130 C4) (*G5*)
Altehrwürdiges Baumhotel, in dem auch Königin Elizabeth II. schon Urlaub gemacht hat. An der mit Scheinwerfern beleuchteten Tränke ist nachts viel los; bei spektakulären Tierbesuchen werden die Gäste auf Wunsch wachgeklingelt. Auch hier sind Kinder erst ab sieben Jahren zugelassen. *36 Zi. | Tel. 0722207762 | www.aberdaresafarihotels.com* | €€€

LAIKIPIA

(130–131 B–D 2–3) (*F–H4*) **Die weite Hochebene rund um den Mount Kenya ist bis heute vom Erbe der Kolonialzeit geprägt, als weiße Farmer das Land unter sich aufteilten.**

Das trockene Land brachte so wenig Ertrag, dass die meisten Bauern sich auf extensive Rinderhaltung spezialisierten: Das Vieh grast auf Farmen, von denen einige größer sind als Luxemburg. Die meisten Farmer verdienen ihr Geld heute im Tourismus. Zahlreiche Farmen sind private Wildtierreservate, in denen Gäste auch Nachtfahrten oder Fußsafaris unternehmen können. Die privaten Schutzgebiete Laikipias sind besonders gut geschützt: Auch deshalb lebt hier gut die Hälfte aller Spitzmaulnashörner Kenias. Manche der Laikipia-Lodges sind derart exklusiv, dass sie nicht einmal Straßenanschluss haben – Stars wie Madonna

Auf Pferden durchstreifen Besucher das Schutzgebiet Lewa

oder einst auch Michael Jackson fliegen von Nairobi mit dem Privatjet oder dem Hubschrauber bis vor die Tür ihrer Lodge.

SEHENSWERTES

LEWA WILDLIFE CONSERVANCY

(131 D3) (*H4*)

Die ehemalige Rinderfarm (18 000 ha groß) wird heute von einer privaten Stiftung als Naturschutzgebiet verwaltet. Zu ihren Aufgaben gehören der Schutz von Nashörnern und die Förderung von Tourismusprojekten, die die lokale Bevölkerung miteinbeziehen. Besucher werden deshalb von Führern aus der Region durch das Schutzgebiet geführt, in dem neben Nashörnern auch Löwen und Leoparden beobachtet werden können. Eine exklusive Unterkunft ist das *Lewa Safari Camp (13 Zelte | Tel. 07 30 12 70 00 | www.lewasafaricamp.com | €€€)*, dessen luxuriös ausgestattete Zelte Blick auf den Mount Kenya bieten. *Parkeintritt 80 US$ | www.lewa.org*

OL PEJETA CONSERVANCY AND CHIMPANZEE SANCTUARY

(130 C3) (*G4–5*)

Löwen und Elefanten sind die Stars im Schutzgebiet der *Ol Pejeta Ranch*, einer der ältesten und traditionsreichsten in Laikipia – und ein zahmes Nashorn, das sich sogar streicheln lässt. Auch sonst hat man sich im Reservat auf den Schutz von Spitzmaulnashörnern spezialisiert, von denen es zahlreiche zu sehen gibt. Einmalig in Kenia ist das abgezäunte Schutzgebiet für Schimpansen, die von der Jane-Goodall-Stiftung vor dem Bürgerkrieg in Burundi gerettet wurden. Die Menschenaffen leben auf einer Insel, zu der man mit einem Boot übersetzt. Dort kann man ihnen – getrennt durch einen Zaun – beim Spielen zusehen. Ein schönes, auch für kleinere Kinder geeignetes Camp ist *Sweetwaters (39 Zelte | Tel. 02 02 84 20 00, 06 23 24 09 | www.serena-hotels.com | €€€). Parkeintritt US $ 95 | www.olpejetaconservancy.org*

LAKE BARINGO

(130 A1–2) (*E3*) **Im nördlichen Rift Valley gelegen, gibt der Baringosee Wissenschaftlern bis heute Rätsel auf. Wie der Naivashasee, so ist auch der Baringo ein Süßwassersee – doch woher das Wasser kommt und wohin es abfließt, ist bis heute unklar.**

MARCO POLO HIGHLIGHTS

★ **Aberdares**
Die Moore und Wälder des Gebirgszugs sind der Lebensraum von Elefanten, Leoparden und Bongos → S. 80

★ **Kamelsafari im Samburuland**
Auf keine Weise lässt sich der Norden so gut erleben wie als Teil einer Karawane → S. 88

★ **Mount Kenya**
Der heilige Berg der Kikuyu ist Kenias größte Herausforderung für Bergsteiger → S. 86

★ **Meru National Park**
Wild und einsam: Die Savannen von Meru sind ein gut gehütetes Safarigeheimnis → S. 85

★ **Samburu**
Ungeahnte Vielfalt in Kenias magischer Halbwüste: Viele Tiere gibt es nur hier → S. 88

Den Vögeln, die den See in Scharen bevölkern, ist das egal: Mehr als 450 Arten haben Vogelkundler am See gezählt, unter ihnen Fischadler, Kronenkraniche und mehrere Eisvogelarten. Der See ist außerdem die Heimat von Flusspferden und Krokodilen. In den vergangenen Jahren hat sich das Wasser immer weiter zurückgezogen: Umweltschützer machen die hohe Wasserentnahme für die Landwirtschaft und die Erosion umliegender Felder dafür verantwortlich. Anfahrt am besten von Nakuru über die vergleichsweise gute Straße nach Norden.

FREIZEIT & SPORT

BOOTSFAHRTEN
Von der kleinen Ortschaft *Kampi ya Samaki* (Swahili für „Fischcamp") aus kann man Kanufahrten auf dem See organisieren. Fischer sind auf die neue Einnahmequelle angewiesen, weil die Zahl der Fische wegen Überfischung dramatisch zurückgegangen ist. *Preis ca. 30 Euro pro Stunde*

LODGES

ISLAND CAMP (130 A1) *(E3)*
Rustikales Camp mit Ausblick auf den See. Die Atmosphäre auf der kaum bewohnten Insel ist ungemein friedlich. *16 Zi. | Tel. 0724874661 | www.islandcamp.com* | €€€

INSIDER TIPP **SAMATIAN ISLAND**
(130 A1) *(E3)*
Die fünf offenen, luftigen Cottages mit Blick auf den See auf dieser kleinen In-

BÜCHER & FILME

Afrikanisches Schach – Spannende Lebensgeschichte des deutschen Aussteigers Hans von Loesch an Kenias Küste

Der Hüter der zerfallenden Bücher – Schicksale von Menschen aus Afrika, erzählt vom ehemaligen Afrika-Korrespondenten Marc Engelhardt

Jetzt sind wir dran – Michela Wrongs exzellenter Bericht über John Githongo, Kenias Einzelkämpfer gegen die Korruption

Afrika – dunkel lockende Welt – Der Klassiker von Tania (Karen) Blixen, der die Vorlage für den wunderschönen Film „Jenseits von Afrika" (mit Meryl Streep und Robert Redford) lieferte, in seiner schönsten Übersetzung

Kwani – Herausragende Sammelbände mit Texten junger kenianischer Autoren (auf Englisch)

Nirgendwo in Afrika – Ein Film von Caroline Link (2001): oscargekrönte Geschichte einer Familie, die vor den Nazis aus Deutschland in das Kenia der späten 1930er-Jahre flieht

Der ewige Gärtner – Fernando Meirelles' spannende Verfilmung (2005) des John-Le-Carré-Thrillers über illegale Menschenversuche der Pharmaindustrie

Nairobi Half Life – Spannender Film von David Gitonga über das Schicksal eines Zuwanderers in Nairobi; entstanden 2012 unter Supervision von Tom Tykwer

sel im Baringosee garantieren ein ganz privates Safarierlebnis. Es gibt einen Pool; dazu kommen Bootsausflüge auf den See und zu nahegelegenen Fischerdörfern. *4 Zi. | Tel. 0722207772 | www.samatianisland.com | €*

Grüße aus der Unterwelt: Geysire am Lake Bogoria

ZIEL IN DER UMGEBUNG

LAKE BOGORIA (130 A2–3) (*E4*)
Vom nahen Baringosee unterscheidet sich der Bogoriasee so wie der Himmel von der Hölle: Schroffe Felswände umgeben den See, aus dem heiße Fontänen in die Luft spritzen. Durch die Schuhsohlen spürt man die Hitze der unter dem Boden brodelnden Naturgewalt. Der eigentliche See wird von Flamingos bevölkert, am Ufer brechen Geysire aus. Wer dorthin wandert, sollte besondere Umsicht walten lassen: Der Boden ist rutschig und schlammig, das brühend heiße Wasser kann binnen Sekunden schwere Verbrennungen hervorrufen. Besonders bizarr ist das Ostufer des Sees, wo sich die über 600 m hohen *Sirado-Klippen* erheben *(Parkeintritt ca. 50 Euro)*. Übernachten kann man im *Lake Bogoria Spa Resort (84 Zi. | Tel. 020 2 24 90 55 | www.lakebogoria-hotel.com | €€€)*, Kenias einzigem Spa, dessen Pool aus natürlichen heißen Quellen gespeist wird. Das Hotel steht gleich vor dem Eingang zum Park am *Loboi Gate.*

MERU NATIONAL PARK

(131 F2–3) (*J–K 4–5*) ★ **Die Savannen des Meru-Nationalparks sind das vielleicht bestgehütete Safarigeheimnis Kenias.**

Nachdem in den 1980er-Jahren bewaffnete Banden aus Somalia Elefanten und Nashörner jagten und Besucher vertrieben, kam lange niemand mehr hierher. Dieser Tage ist der Park nicht nur sicher, sondern wieder voller Wildtiere, die man praktisch für sich alleine hat. Im hohen Gras ist man allerdings auf die Ortskenntnis und den Adlerblick der kundigen Führer angewiesen. Sumpflandschaft und dichte Flusswälder ergänzen das reichhaltige Panorama des Parks. *Parkeintritt 75 US $*

LODGES

ELSA'S KOPJE (O) (J4)
Lange Zeit war sie die einzige Lodge im Park, und eine der schönsten in ganz Kenia noch dazu. Auf einem Hügel (Kopje) gelegen, auf dem früher Joy und George Adamson Löwen beobachteten, bietet sie ihren Gästen einen phantastischen Blick über die weite Savanne. *12 Zi. | Tel. 0730127000 | www.chelipeacock.com | €€€*

LOW BUDG€T

Die *Murera Bandas* im Meru-Nationalpark sind mit ca. 80 Euro pro Hütte für bis zu vier Personen die mit Abstand günstigste Unterkunft im Park. Bettzeug wird gestellt, den Rest muss man mitbringen. *Tel. 0202379407 | www.kws.org*

Robert's Camp am Lake Baringo ist die günstigste Unterkunft (ca. 15 Euro/Nacht) am vogelreichen See. Die Stimmung ist entspannt; vor den gemütlichen Bandas gleich am Seeufer kommen nachts Flusspferde und Krokodile zum Besuch vorbei. *5 Zi. | Tel. 0717176656 | www.robertscamp.com*

INSIDER TIPP **RHINO RIVER CAMP**
(131 F3) (J4)
In den Wald integriertes Boutique-Camp in Nachbarschaft des Nashornreservats. Die nur acht Cottages sind aus Naturmaterialien gebaut und zum Fluss hin, der durch das Camp fließt, offen. Der Pool mit Blick auf einen Wasserfall und die einfallsreiche, vielseitige Küche sind weitere Highlights. *8 Zi. | Tel. 0732809287 | www.rhinorivercamp.com | €€€*

MOUNT KENYA

(131 D3–4) (G–H5) **Die drei vom Schnee bedeckten Gipfel des ★ Mount Kenya ragen nur wenige Kilometer vom Äquator entfernt majestätisch in den Himmel. Kein Wunder, dass die im Hochland lebenden Kikuyu dort oben die Wohnstatt ihres Gottes Mwene-Nyaga vermuten.**

Drei bis vier Tage sollten Bergsteiger für den Aufstieg bis zum Lenana-Gipfel auf 4985 m rechnen. Wer den höchsten der drei Gipfel, den Batian auf 5199 m, erreichen will, braucht mindestens einen Tag mehr und neben guter Kondition auch viel bergsteigerische Erfahrung. Denn der Mount Kenya ist, anders als der Kilimandscharo, ein technisch höchst anspruchsvoller Berg. Ausgangspunkt für eine Besteigung ist die Ortschaft *Naro Moru,* gut drei Stunden Autofahrt von Nairobi entfernt. *Nationalparkgebühr 60 US $ pro Tag*

FREIZEIT & SPORT

BESTEIGUNG DES MOUNT KENYA
Die besten Monate für die Besteigung sind Januar und Februar sowie Juli bis September, wenn es am wenigsten reg-

net. Der Aufstieg ist nur in Begleitung eines Bergführers erlaubt, sinnvoll sind auch Träger. Die Hütten müssen beim *Kenya Wildlife Service* vor Ort gebucht werden. Komplette Touren kann man bei den meisten Reisebüros in Nairobi als Paket buchen, alternativ lässt sich in der *Naro Moru River Lodge* alles Nötige organisieren. Ein Träger (maximal 16 kg) und ein Führer kosten mindestens 10 Euro pro Tag, die Lodge verleiht auch Ausrüstung. Ernsthafte Bergsteiger sollten sich mit dem *Mountain Club of Kenya (www.mck.or.ke)* in Nairobi in Verbindung setzen. Der Verein gibt einen sehr guten Wanderführer und eine detaillierte Karte heraus.
Die ersten 3000 Höhenmeter bis zur Wetterstation werden mit dem Geländewagen zurückgelegt. Von hier geht es aufwärts durch dichten Bambuswald und tropischen Regenwald. Der nächste Tag führt durch das malerische *Teleki-Tal,* von dem die Gipfel des Mount Kenya bereits silbern gleißend zu sehen sind – und zum Greifen nahe scheinen. Dabei steht das *Mackinder Camp,* die nächste Unterkunft, erst auf 4200 m. Für den finalen Gipfelsturm muss man dann früh aufstehen: Spätestens um 4 Uhr früh machen sich Bergsteiger auf den Weg zum *Point Lenana,* den man so rechtzeitig bei Sonnenaufgang erreicht: ein phantastisches Schauspiel, das für die Strapazen des Aufstiegs entschädigt. Den Abstieg bis zur Wetterstation legt man in gut sechs Stunden zurück.

Alpine Winterlandschaft unterhalb des Point Lenana am Mount Kenya

LODGES

NARO MORU RIVER LODGE

(130 C4) (*G5*)

Die rustikale Lodge ist mittlerweile eine Institution am Mount Kenya: Fast jeder Bergsteiger auf dem Weg zum Mount Kenya macht hier Station. Das Personal hilft beim Beschaffen von Führern, Trägern und Ausrüstung und gibt wertvolle Tipps. Wer will, kann hier sogar eine komplett organisierte Tour buchen. *47 Zi. | Tel. 0724082754 | www.naromoru riverlodge.com | €€*

SERENA MOUNTAIN LODGE

(131 D4) (*G5*)

Komfortable Lodge direkt am Hang des Bergs, auf Stelzen gebaut. Am nahen Wasserloch (beleuchtet) versammeln sich abends Elefanten und Büffel zur Tränke. *41 Zi. | Tel. 020 2 84 20 00 | www. serenahotels.com | €€€*

Traditionell gekleidete Nomaden im Samburugebiet

SAMBURU

(131 D–E1) (*H3*) **Im Land der ★ Samburu beginnt der wüste Norden Kenias, der die Heimat zahlreicher noch urtümlich lebender, nomadischer Stämme ist und der mehr als nur einen Hauch von Wildwest verbreitet.**

„Nördlicher Grenzdistrikt" wird die Gegend bis heute von vielen Kenianern genannt, und wer im Norden lebt, der sagt vor der Abreise nach Nairobi: „Ich fahre nach Kenia." Zu beiden Seiten der Hauptstraße, die nach Norden bis zur äthiopischen Grenze führt, liegen die Nationalreservate *Samburu, Buffalo Springs* und *Shaba* (eine Eintrittskarte gilt für alle Parks).

Unterbrochen von gewaltigen Inselbergen erstreckt sich eine anderweltliche Landschaft aus weißem Staub und Dornbüschen. Hier leben Tiere, die es nirgends sonst in Kenia gibt: das fein ziselierte Grevy-Zebra, auf den Hinterbeinen grasende Gerenuks und Netzgiraffen. Auch Leoparden sind hier besonders gut zu beobachten. Der Fluss Ewaso Ngiro (Samburu für „braunes Wasser"), der die Reservate *Samburu* und *Buffalo Springs* teilt, führt die meiste Zeit im Jahr kein Wasser. In der Regenzeit aber füllt sich das Flussbett oft binnen kürzester Zeit; Springfluten reißen Lastwagen und in Ausnahmefällen auch wassernahe Gebäude mit sich. Die trockene Landschaft beginnt binnen Stunden zu blühen: ein magischer Anblick.

FREIZEIT & SPORT

KAMELSAFARI IM SAMBURULAND ★

Besser als auf einer Wanderung mit Kamelen lässt sich der Norden Kenias nicht erleben. Kundige Samburukrieger führen Sie durch die unwegsame Dornensavanne und die Wüste und weihen Sie in die Geheimnisse des Überlebens in dieser unwirtlichen Gegend ein. Je nach Preisklasse übernachten Sie im Schlafsack am Lagerfeuer oder in einem mehr oder weniger luxuriös ausgestatteten Zelt. Für eine Woche Safari muss man mit mindestens 1700 Euro pro Kopf rechnen, je mehr Teilnehmer es gibt, desto günstiger wird es.

Gute Ausgangspunkte und Organisatoren sind das *Sabuk-Camp (7 Zi. | Tel. 0718 13 93 59 | www.sabukolodge.com | €€€)* im Norden Laikipias und das entlegene INSIDER TIPP *Desert Rose (5 Zi. | Tel. 0718 13 93 59 | www.desertrose kenya.com | €€€)* in South Horr, ein traumhaftes, harmonisch in den Hang des heiligen Berges Nyiru eingebettetes Camp. Günstigere Optionen bietet *Let's go Safari* in Nairobi *(Kontakt s. Praktische Hinweise, S. 118)*.

ÜBERNACHTEN

ELEPHANT WATCH CAMP

(131 E1) (*H3*)

Exklusives Ökocamp, gleich nebenan arbeiten Kenias bekannteste Elefantenforscher, Oria und Iain Douglas-Hamilton. Die Dickhäuter treiben sich die meiste Zeit in Blickweite der beduinenartig gestalteten Zelte herum. *6 Zi. | Samburu | Tel. 0731 59 64 37 | www.elephantwatch portfolio.com* | €€€

INSIDER TIPP JOY'S CAMP

(131 E1) (*H–J3*)

Hier ließ die Biologin Joy Adamson („Frei geboren") vor mehr als 30 Jahren eine Waisenleopardin frei, die sie zuvor an die Wildnis gewöhnt hatte. Entsprechend in die Natur integriert ist *Joy's Camp:* Die offenen Zelte gehen scheinbar fließend in die schroffe Landschaft des nördlichen Shaba-Reservats über, selbst der Swimmingpool sieht aus, als wäre er eine natürliche Wasserstelle. *10 Zi. | Shaba | Tel. 0730 12 70 00 | www.joyscamp.com* | €€€

IL NGEWSI LODGE (131 D1) (*H3*)

Tolle Aussicht aus den Bandas, die z.T. mit Hängebrücken verbunden sind. Das von Massai exzellent geführte Community-Projekt bietet einen Pool und viel Gastfreundschaft. *6 Zi. | Tel. 042 02 03 31 22 | www.ilngwesi.com* | €€€

ZIEL IN DER UMGEBUNG

MATTHEWS RANGE

(127 D5–6) (*G1–2/H2*)

Die 150 km lange Bergkette erhebt sich wie ein Garten Eden aus der Wüste nördlich des Samburu-Reservats. In den dichten Wäldern entlang eines Flusses leben Elefanten, Leoparden und eine unglaubliche Menge an Schmetterlingsarten. Das luxuriöse INSIDER TIPP *Kitich Camp (6 Zelte | Tel. 0730 12 70 00 | www.kitich camp.com | €€€)* ist Ausgangspunkt für Waldwanderungen, Schwimmausflüge an einem der glasklaren Bergseen oder für Besuche in nahen Samburudörfern.

Reiten mal anders: auf dem Kamelrücken durch das Samburuland

ERLEBNISTOUREN

1 KENIA PERFEKT IM ÜBERBLICK

START: ① Diani Beach
ZIEL: ⑪ Nairobi

Strecke:
➡ 1880 km

12 Tage
reine Fahrzeit
ca. 40 Stunden

KOSTEN: 1730 Euro für Unterkünfte, Essen, Eintritte, Aktivitäten (für 2 Pers.); plus 1800 Euro für Fahrer, Mietwagen, Benzin
MITNEHMEN: Sonnenschutz, Kopfbedeckung, Fernglas, Fotoapparat, Badesachen, Malariatabletten und Mückenschutz

ACHTUNG: Sie fahren durch Malariagebiet; treffen Sie Vorkehrungen. Gerade in den Nationalparks können die Nächte kühl sein.
Sie benötigen einen Fahrer. Gönnen Sie ihm Pausen. Stellen Sie sicher, dass vor der nächsten Etappe der Zustand des Wagens geprüft und Informationen zur Strecke eingeholt werden; verlässliche Fahrer erledigen das von selbst.

Jeder Zipfel dieser Erde hat seine eigene Schönheit. Wenn Sie Lust haben, die einzigartigen Besonderheiten dieser Region zu entdecken, wenn Sie tolle Tipps für lohnende Stopps, atemberaubende Orte, ausgewählte Restaurants oder typische Aktivitäten bekommen wollen, dann sind diese maßgeschneiderten Erlebnistouren genau das Richtige für Sie. Machen Sie sich auf den Weg und folgen Sie den Spuren der MARCO POLO Autoren – ganz bequem und mit der digitalen Routenführung, die Sie sich über den QR-Code auf S. 2/3 oder die URL in der Fußzeile zu jeder Tour downloaden können.

Flamingos, türkisgrünes Wasser, rote Elefanten oder Buschsavanne – erleben Sie Kenias unglaubliche Vielfalt bei einer Reise mit dem Leihwagen vom Indischen Ozean zum Viktoriasee bis ins grüne Hochland. Sie werden sehen, welche Fülle unterschiedlicher Landschaften, Pflanzen und Tieren hier in Ostafrika zu finden ist. Freuen Sie sich auf unvergessliche Eindrücke.

TAG 1

1 Diani Beach

31 km

2 Shimba Hills Rainforest Lodge

Starten Sie an Kenias Traumstrand 1 **Diani Beach** → S. 47 im Schatten der Palmen und erleben Sie die bunte Welt des Indischen Ozeans schnorchelnd am Riff. **Bei einem Abstecher nach Nordwesten über die C106** in die 2 **Shim-**

Bild: Giraffen im Amboseli-Park am Kilimandscharo

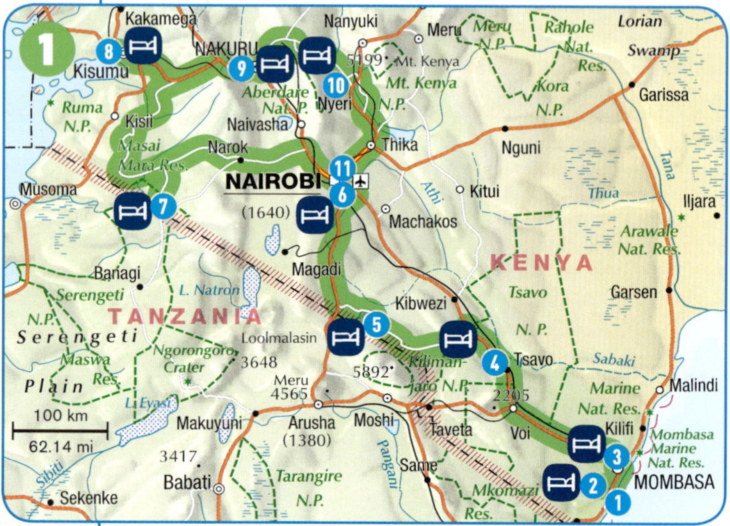

TAG 2

40 km

❸ Mombasa

TAG 3

305 km

❹ Tsavo-Nationalpark

ba Hills Rainforest Lodge → S. 48 werden Ihnen die letzten Säbelantilopen begegnen. Die Nacht verbringen Sie in einem Baumhaus in der angenehmen Kühle des Küstenregenwalds.

Wieder zurück auf der Küstenstraße geht es nach Norden hinein bis nach ❸ Mombasa → S. 40. Dort können Sie das imposante **Fort Jesus** und andere Zeugen der Geschichte bestaunen. Am Abend speisen Sie im Dachgartenrestaurant des **Royal Court Hotels → S. 44**, wo Sie auch schlafen.

Füllen Sie Ihren Wagen mit den nötigen Einkäufen (Grillkohle!); die nächsten 24 Stunden versorgen Sie sich selbst. **Landeinwärts die A109 entlang** färbt sich die Erde rot. In der heißen Ebene zwischen Küste und Hochland erstreckt sich der größte Nationalpark des Landes, der **❹ Tsavo-Nationalpark → S. 53**, berühmt für seine „roten" Elefanten und die Löwen ohne Mähne. **Sie fahren bis zum Tsavo West Gate (Mtito Andei) und von hier nach Süden zur Kitani Lodge** *(8 Hütten | €)*; der Weg ist ausgeschildert. Die Lodge liegt neben dem Severin Safari Camp → S. 57 und ist auch über dieses zu kontaktieren. Hier übernachten Sie in Bandas; Grillstellen zum Zubereiten der mitgebrachten Verpflegung sind vorhanden. Von der INSIDER TIPP Banda Nr. 3 blicken Sie direkt auf den Kilimandscharo.

TAG 4

150 km

5 Amboseli National Park

„Safari" heißt Reise, das bedeutet: Der Weg ist das Ziel. **Sie fahren auf die C 103 und dann in Richtung Westen. Um 10 Uhr müssen Sie am Chyulu Gate sein** – hier sammelt sich einmal am Tag ein Konvoi, der Sie in den **5 Amboseli National Park → S. 50** bringt. Es geht über erkaltete Lavafelder, den **Shetani Lava Flow → S. 56** – langsam kommen Sie dem Kilimandscharo → S. 51 näher. Schließlich erreichen Sie die **Amboseli Serena Lodge → S. 53**, wo Sie in der Nähe des mächtigen Berges abends auf der Terrasse sitzen, den Sonnenuntergang und Elefantenherden beobachten.

TAG 5–6

235 km

6 Nairobi

Brechen Sie früh auf, **um auf der C 103 über die Grenzstadt Namanga zur A 104 in Richtung Norden zu gelangen.** Ihr Ziel ist **6 Nairobi → S. 58**, eine Metropole mit afrikanischem Charme. Hier gibt es Speisen aus aller Welt, Museen, koloniale Bauten, moderne Kunst. Erholung nach der langen Fahrt bietet das **Southern Sun Mayfair Hotel → S. 67** in Parklands, wo Sie sich für zwei Nächte einquartieren. Nach dem Abschwellen des morgendlichen Berufsverkehrs **lassen Sie sich zum Kongresszentrum** *(KICC Tower/ Harambee Av.)* **nach Downtown bringen.** Hier, über dem 28. Stock, können Sie sich einen Überblick verschaffen. Genau wie im **National Museum → S. 61**, das Ihr nächstes Ziel ist. Zum Dinner geht es ins **Furusato → S. 62**; probieren Sie Teppanyaki, mit Feuer zubereitet am Tisch.

TAG 7–8

295 km

7 Masai Mara National Park

Verlassen Sie Nairobi früh am Morgen über den Wayiaki Way in Richtung Norden. Nach einer Stunde Fahrt treffen Sie auf das Rift Valley, Afrikas großen Grabenbruch – der Ausblick ist atemberaubend. **Die B 3 entlang nach Westen, geht es – ab Narok dann eher Richtung Süden – schließlich auf die C 13 an die Grenze zum 7 Masai Mara National Park → S. 78**, Kenias meistbesuchtem Reservat mit Löwengarantie. Nirgendwo sonst in Kenia ist auf so engem Raum eine solche Vielfalt an Wildtieren zu sehen. Hier liegt das **Mara Siria Camp → S. 79**. Genießen Sie die Aussicht und bleiben Sie zwei Nächte, um Zeit für eine Safari zu haben. Wenn Sie zwischen Juli und Oktober in der Mara sind, werden Sie Zeuge der Tierwanderung → S. 78, der dramatischen Migration Hunderttausender Tiere. Am Nachmittag lohnt es, sich von einem Massai, den das Camp vermittelt, bei einem Rundgang etwas über die Pflanzen und das Leben hier erzählen zu lassen.

TAG 9

285 km

Ihre Reise führt Sie nach Norden zunächst auf die B 3; über Kericho gelangen Sie in die fruchtbare, dicht besiedelte

8 Kisumu

TAG 10

195 km

9 Lake Nakuru

TAG 11

170 km

10 Aberdares

TAG 12

178 km

11 Nairobi

Kulturlandschaft Westkenias bis nach **8 Kisumu → S. 70** am Viktoriasee. Fischer in ihren bunten Segelbooten fahren von hier auf den See hinaus. Wenn Ihnen ein Boot sicher erscheint, lassen Sie sich mitnehmen. Eine Unterkunft zu finden ist in Kisumu kein Problem.

Über die B1 führt der Weg nach Osten zum 9 Lake Nakuru → S. 77, einem See, der mit Nashörnern und Hunderten von Vogelarten punktet. Im **Maili Saba Camp** genießen Sie zum Abendessen den Blick in den Krater des Menengai-Vulkans.

Die B5 in Richtung Hochland führt von Nakuru durch die 10 Aberdares → S. 80, einen verwunschenen Wald, der als Naturpark geschützt ist. Die **Tree Tops Lodge → S. 82** besuchen nicht nur Sie, sondern wegen einer Wasserstelle auch viele Tiere. Machen Sie einen Spaziergang und lassen Sie sich von einem Guide der Lodge die große Vogelvielfalt erklären.

Auf Ihrer Rückfahrt nach 11 Nairobi über die A2 werden Sie lange Zeit vom heiligen Berg der Kikuyu, dem Mount Kenya → S. 86 begleitet, der sich nicht weit vom Äquator stolze 5199 m in Richtung Himmel auftürmt. Halten Sie auf der Rückfahrt unbedingt noch bei einem der INSIDER TIPP

Gut getarnt: Kikuyudorf in den Aberdares

Obsthändler. Auf halber Strecke nach Nairobi finden Sie viele von ihnen gleich an der Straße, und hier schmeckt das frische Obst besonders gut.

2 STOLZE GIPFEL UND HEISSE QUELLEN VOR NAIROBIS HAUSTÜR

START: ❶ Nairobi **ZIEL:** ❶ Nairobi	**4 Tage** reine Fahrzeit ca. 8 ½ Stunden
Strecke: 287 km	

KOSTEN: 630 Euro für Eintritte, Unterkünfte, Essen, Aktivitäten (für 2 Pers.); plus 240 Euro für Mietwagen und Benzin
MITNEHMEN: Wanderschuhe, Kopfbedeckung, Proviant, Trinkwasser, Sonnencreme, Badesachen, gute Straßenkarten, Mobiltelefon

ACHTUNG: Mieten Sie einen Wagen mit Allradantrieb, und buchen Sie vorab die Übernachtungen in den Camps. Auf dem Longonot-Gipfel werden die Pfade bei Regen rutschig und gefährlich. Auch die Canyons im ❺ Hell's Gate National Park sollten dann nicht betreten werden, da Springfluten drohen. Bei ❼ Brown's Cheesery Anmeldung nötig!

Zu Fuß, auf einem Pferd oder mit dem Boot – direkt vor Nairobi bieten sich großartige Möglichkeiten, Kenia auf unterschiedlichste Weise zu erkunden. Unternehmungslustige kommen dabei voll auf ihre Kosten und finden sich in immer neuen Landschaften wieder. Auch jenseits teurer Safariparks kommt man so exotischen Tieren sehr nahe. Fahren Sie in jedem Fall vorsichtig, und erkundigen Sie sich vor jeder Etappe nach dem Zustand der Straßen und der Verkehrslage!

TAG 1
❶ Nairobi
73 km
❷ Aussichtspunkt
28 km
❸ Mount Longonot National Park

Starten Sie früh am Morgen in ❶ Nairobi → S. 58**, und verlassen Sie die Hauptstadt auf dem Wayaki Way in Richtung Norden, bis Sie auf die B 3 und später die C 88 gelangen.** Das erste Highlight: Vom **❷ Aussichtspunkt** am Abhang des Rift Valleys geht der Blick weit übers Land, in der Ferne glitzert der Naivashasee in der Sonne. **In Serpentinen geht es nun mehrere hundert Höhenmeter steil nach unten. Nach 30 km erhebt sich links** der Mount Longonot, ein Vulkan, der zuletzt vor 150 Jahren ausgebrochen ist. Mit seiner rauen Kante und den von der Vulkanasche schwarz gefärbten Flanken ist er schon von weitem sichtbar. **Verlassen Sie die C 88 dort, wo der ❸ Mount Longonot National Park linker Hand ausgeschildert ist.** Vom Parkplatz am Eingang brauchen Sie zu Fuß zwei Stun-

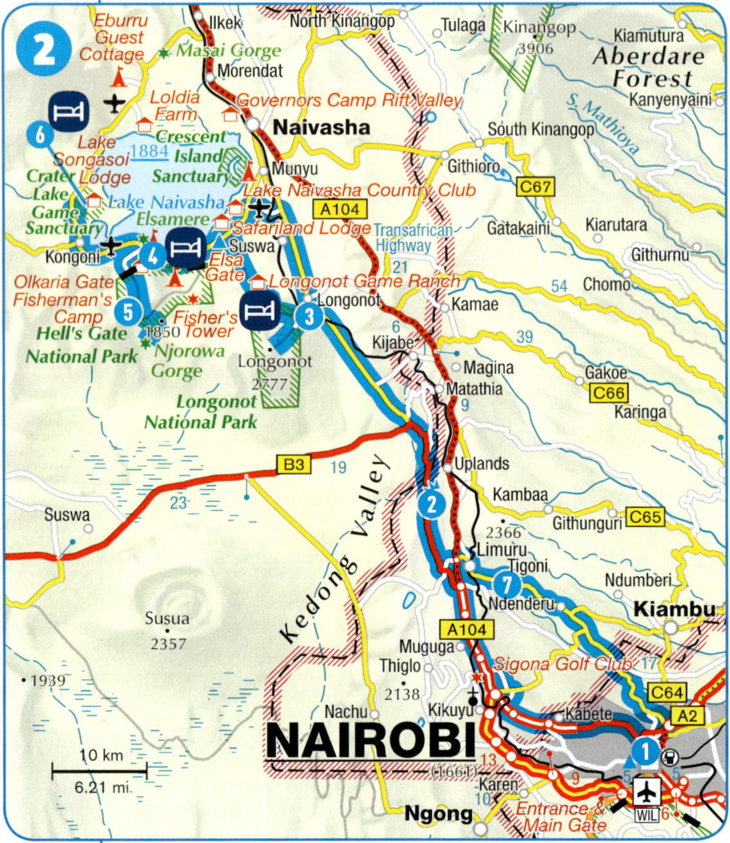

den bis hinauf zum Kraterrand. Der Weg ist leicht zu finden, hat allerdings steile Passagen. Oben, in 2777 m Höhe, hat man einen wunderbaren Blick aufs Umland und in den Krater. **Zurück am Parkplatz, fahren Sie der Beschilderung nach linker Hand zur Mount Longonot Lodge → S. 76**, mit wunderschöner Aussicht am Fuße des Berges und über dem See gelegen.

TAG 2

30 km

❹ Fisherman's Camp

Beginnen Sie den Tag mit einem Ausritt an Zebras und Giraffen vorbei, und brechen Sie nach dem Mittagessen auf der Lodge zeitig zum ❹ **Fisherman's Camp** *(15 Zi. | Tel. 0726 870590 | www.fishermanscamp.com | €)* auf. **Der Weg ist nicht weit, nach einer Teilstrecke über eine Sand-**

Sinfonie in Blau: Bootstour auf dem Lake Naivasha

piste geht es auf der Mois Lake Road am See entlang. Im Camp beziehen Sie eine der einfachen, aber gemütlichen Bandas und können von hier aus am Nachmittag noch eine Kajaktour über den Lake Naivasha unternehmen.

Dieser Tag führt Sie in den 5 **Hell's Gate National Park** → S. 76. **Dafür nehmen Sie vom See den Abzweig auf die Olkaria Route.** Antilopen und Zebras grasen gleich neben der Piste. Am Hyrax Hill lassen sich Klippschliefer beobachten, die aussehen wie Murmeltiere, tatsächlich aber mit dem Elefanten verwandt sind. Richten Sie ihre Route so ein, dass Sie an dem **Pool** vorbeikommen, der aus INSIDER TIPP heißen Quellen gespeist wird, und nehmen Sie ein Bad in dem milchigen Wasser, das tief aus der Erde kommt. **Nachdem Sie Hell's Gate verlassen haben, fahren Sie zurück zur Uferstraße, biegen dieses Mal links ein und folgen ihr in Richtung Norden,** bis Sie auf das Schild zum 6 **Crater Lake Camp** *(11 Zelte | Tel. 0722 20 38 04 | www.craterlake.co.ke | €€€)* treffen. Hier, an einem erkalteten Vulkan, in dessen bewaldeter Caldera das Wasser grün schimmert, können Sie die Nacht in einem komfortablen Zelt verbringen.

Nutzen Sie am Morgen einen der Wanderwege, die um den Kratersee führen. Bewegung macht Appetit, und das

TAG 3

13 km

5 Hell's Gate National Park

27 km

6 Crater Lake Camp

TAG 4

87 km

7 Brown's Cheesery

30 km

1 Nairobi

ist gut so, denn nachdem Sie sich von Naivasha verabschiedet haben, erwartet Sie ein kulinarisches Highlight in 7 **Brown's Cheesery** *(Do–Sa 12.30–16 Uhr, mind. eine Woche im Voraus reservieren | Tel. 0728 99 96 54 | www.brownscheese.com)*. **Um dorthin zu gelangen, umrunden Sie den Naivashasee auf dem Weg, den Sie gekommen sind, und fahren zurück nach Nairobi bis zum Abzweig nach Limuru. Folgen Sie ab Limuru 6 km der Straße, und achten Sie auf das Schild zu „Brown's Cheese".** In der Käserei kann man zur Käseverkostung und zum Mittagessen vorbeikommen, dazu gibt es Eistee und Wein. Wer will, kann sich anschauen, wie der Käse dort produziert wird. Nach dem Lunch und einem Spaziergang auf der dazugehörigen Farm fahren Sie zurück nach 1 **Nairobi**.

3 WUNDERSCHÖNER WESTEN

START: 1 Nairobi
ZIEL: 6 Kerio Valley

Strecke: 525 km

6 Tage
reine Fahrzeit
ca. 10 Stunden

KOSTEN: 840 Euro für Eintritte, Unterkünfte, Essen, Aktivitäten (für 2 Pers.); plus 415 Euro für Mietwagen und Benzin
MITNEHMEN: Sonnen- und Mückenschutz, Wander- und Badesachen, gute Straßenkarten und ein Mobiltelefon

ACHTUNG: Fahren Sie vorsichtig! Erkundigen Sie sich vor jeder Etappe nach dem Zustand der Straßen und der Verkehrslage. Nehmen Sie einen Wagen mit Allradantrieb.
Sie fahren durch eines der Haupt-Malariagebiete Kenias. Treffen Sie entsprechende Vorkehrungen.

Kenias Westen besitzt einen ganz eigenen Charme. Erleben Sie einzigartige Momente auf der endlosen Weite des größten Sees Afrikas, spazieren Sie zwischen prächtigen Schmetterlingen und exotischen Vögeln durch Kenias letzten Regenwald, und lernen Sie fliegen, oder schauen Sie anderen dabei zu.

TAG 1

1 Nairobi

160 km

2 Nakuru

105 km

3 Kericho

Sie verlassen 1 Nairobi → S. 58 in Richtung Nordwesten auf der A 104. Dabei erleben Sie das großartige Panorama des Grabenbruchs mit seinen Bergen und Seen. Legen Sie eine Pause in einem der Cafés in 2 **Nakuru** → **S. 77** ein. **50 km hinter Nakuru biegen Sie ab auf die B 1 nach Kericho,** Hügel und Teeplantagen bestimmen nun die Szenerie – entsprechend ist Ihr Ziel in 3 **Kericho** das **Tea Hotel**

Kericho *(45 Zi. | Tel. 0714 5 51 08 24 | €)* am Eingang des Städtchens links. Das Hotel ist etwas heruntergekommen, strahlt aber den Charme vergangener Tage aus. Verbringen Sie den Nachmittag am Pool, und lassen Sie sich bei einer Führung die Teeplantage zeigen.

TAG 2

85 km

4 Kisumu

Am nächsten Tag folgen Sie der B 1 nach Westen bis nach **4 Kisumu** → S. 70. Möglicherweise müssen Sie dabei einen Umweg nehmen, erkundigen Sie sich bei Ihren Gastgebern nach der Befahrbarkeit der Straßen. Ihre Gastgeber im **Kisumi Kiboko Bay Resort** *(10 Zi. | Tel. 0724 38 77 38 | Dunga Beach | www.kibokobay.com | €€€)* können Ihnen für den Nachmittag eine Bootstour auf dem Viktoriasee organisieren. Genießen Sie dessen unendliche Weiten und die Mangrovenwälder am Ufer.

TAG 3–4

65 km

5 Kakamega National Park

Bis zum Mittag sollten sie sich noch im quirligen Kisumu umschauen. Kenias drittgrößte Stadt ist besonders am **Tilapia Beach** sehenswert; dort herrscht reges Treiben, überall wird etwas verkauft, es gibt zahlreiche Fischrestaurants. **Verlassen Sie Kisumu in Richtung Norden,** um das **Rondo Retreat** → S. 73 zu erreichen, das im **5 Kakamega National Park** → S. 72 liegt. Hier bleiben Sie zwei Nächte. Der nächste Morgen beginnt mit den Schreien der Colobus-Affen, die so ihr Revier markieren. Diesen Tag sollten

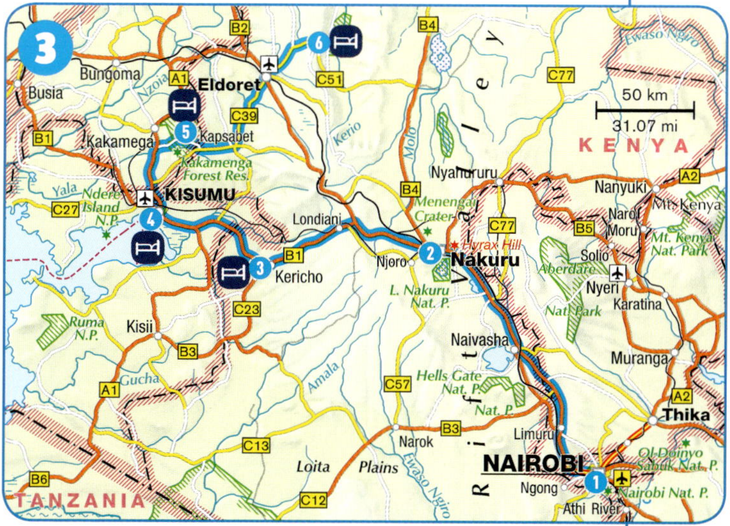

TAG 5–6

110 km

6 Kerio Valley

Sie ganz der Magie des Regenwalds widmen. Unternehmen Sie eine Wanderung, um dessen Tier- und Pflanzenwelt zu entdecken. Einen Guide dafür vermittelt die Lodge.

Am nächsten Tag fahren Sie in nordöstlicher Richtung über Kapsabet nach Eldoret. Die Stadt ist wirtschaftlich zwar bedeutend, für Reisende gibt es aber kaum etwas zu sehen. **Folgen Sie der C51 weiter nach Nordosten,** bis sie im **6 Kerio Valley** das **Kerio View Hotel** *(27 Zi. | 0722 78 19 16 | www.kerioview.com | €)* erreichen. Das Gebäude hat Panoramafenster, durch die der Blick weit ins Tal schweifen kann. Nun bleibt noch Zeit für einen unvergesslichen Paraglidingflug. Die Bedingungen sind zwischen Dezember und März ideal, und in dieser Zeit werden im Mekka für Gleitschirmflieger für Anfänger auch Tandemsprünge mit erfahrenen Fliegern angeboten (den Kontakt vermittelt das Hotel). Am nächsten Morgen machen Sie sich zum Abschluss auf zu einem Abstieg ins Tal, der durch verschiedene Vegetationszonen führt. Lassen Sie sich für diese Wanderung vom Hotel einen Guide vermitteln. Die Tour ist hier zu Ende; ob Sie noch in Kerio bleiben oder lieber am selben Tag noch nach Nairobi zurückfahren wollen **(über die B53, später C55, die B4 und die A104),** entscheiden Sie selbst.

Dekorativ: traditionelles Festtags-Outfit im Kerio Valley

4 RUND UM MALINDI – TRAUM-STRÄNDE UND ENTDECKUNGEN

START: ❶ Flughafen Malindi
ZIEL: ❶ Flughafen Malindi

Strecke:
235 km

5 Tage
reine Fahrzeit
ca. 5 Stunden

KOSTEN: 560 Euro für Unterkunft, Essen, Eintritte (für 2 Pers.); plus ca. 230 Euro für Auto/Fahrer; 35 Euro für Stand Up Paddling
MITNEHMEN: Sonnenschutz, Kopfbedeckung, Wetshirt, Badesachen, Malariatabletten und Mückenschutz

ACHTUNG: Nehmen Sie sich einen Fahrer. Vor allem die Piste zum ❸ Marafa Canyon ist bei schlechtem Wetter nicht leicht befahrbar.
Die Küste ist Malariagebiet; treffen Sie Vorkehrungen.
Für das Abendessen im ❽ Crab Shack einen Tag vorher reservieren.

Die meisten Touristen zieht es an den Strand von Diani. Dabei gibt es gerade rund um das nördlicher gelegene Malindi viel Interessantes zu entdecken. Goldener Sandstrand und türkisgrünes Wasser belohnen schon für die Anfahrt. Doch nur, wer sich auf die Suche begibt, wird die ganze Vielfalt der Region erschließen.

TAG 1
❶ Flughafen Malindi
25 km
❷ Che Shale

TAG 2
34 km
❸ Marafa Canyon
43 km
❹ Malindi
24 km

Ihr Fahrer holt Sie vom ❶ **Flughafen Malindi** ab **und bringt Sie an der Stadt vorbei ins nördlicher gelegene** ❷ **Che Shale** *(5 Bandas | Tel. 0722 23 09 31 | www.cheshale.com | €)*, wo Sie abends in simplen, aber gemütlichen Hütten übernachten. Sportlich Ambitionierte können hier surfen oder das Kitesurfen erlernen. Lassen Sie sich von Besitzer Justin unbedingt auch die seltene, hauseigene Krabben- und Lobsterzucht zeigen, und gehen Sie zum Sonnenuntergang auf die nächstgelegene Düne.

Der nächste Tag beginnt mit einem Naturspektakel. **Ihr Fahrer bringt Sie früh morgens** zum ❸ **Marafa Canyon**. Sie schauen über ein farbenprächtiges Felsenmeer, das durch eine Sandsteinabsenkung entstand. **Nachdem Sie wieder zurück auf die Küstenstraße gelangt sind, geht es südlich nach** ❹ **Malindi** → S. 37. Dort probieren Sie zum Mittag im netten Hof des Restaurants **The House** *(Lamu Road, gegenüber KCB Bank | Tel. 0716 51 49 60 | €€)* die mediterran und Swahili-inspirierte Fusionsküche. Etwas versteckt, aber nicht weit entfernt liegt die INSIDER TIPP **Falconry of Kenya** *(tgl. 9–17.30 Uhr | Eintritt ca. 5 Euro | Off*

Schroffe Felsen und türkisblaues Meer: Küste bei Watamu

Lamu Road). Lernen Sie eine Riesenschildkröte, Krokodile, Schlangen und Vögel kennen. **Zurück auf der Hauptstraße, fahren Sie die Mombasa Road Richtung Süden und biegen beim Örtchen Gede vor der Tankstelle links in Richtung 5 Watamu → S. 39 ab.** Sie verbringen die nächsten drei Nächte im **Tree House** *(7 Zi. | Tel. 0733 62 84 90 | www.treehouse.co.ke)* an der Turtle Bay Beach Road. In zwei Türmen überblicken Sie Palmenhaine und sehen aufs Meer und die Lagune des Mida Creek.

5 Watamu

TAG 3

Den nächsten Vormittag verbringen Sie mit Delfinen – je nach Jahreszeit auch mit Walhaien oder Buckelwalen. Brechen Sie früh auf, wenn die Wellen noch flach und erst wenige Boote unterwegs sind. Mit einem Stand Up Paddle Board von **Tribe Watersports** *(im Medina Palms | Turtle Bay Beach Road | Tel. 0718 55 33 55 | www.tribe-watersports.com)* können Sie sich den Tieren geräuscharm nähern. Watumu steht wie die ganze Nordküste Kenias unter starkem italienischem Einfluss. Das sollten Sie nutzen und in der hervorragenden **Hosteria Romana** *(Mi geschl. | Tel. 0710 36 90 39 | Watamu Beach Road | nahe Supermarkt Mama Lucy | €€)* zu Mittag essen. Am Nachmittag können Sie das **Watamu Turtle Watch Program** *(Tel. 0717 57 87 23 | Watamu Beach Road südlich | hinter der Dongo Kundu Primary*

School | www.watamuturtles.com) besuchen. Pflege, Nestschutz, Schildkrötenrettung – lassen Sie sich die Arbeit der Meeresschützer von diesen selbst erklären. Ihre Nacht verbringen Sie wieder über den Palmen im Tree House.

Am nächsten Morgen besuchen Sie die 6 **Ruinen von Gedi** → S. 38 und erfahren mehr über die Geschichte dieser alten Siedlung. Danach geht's zum 7 **Mida Creek** , einem tierreichen Wattgebiet in Mangrovenwäldern. **Fahren Sie die Mombasa Road südlich, und achten Sie auf das Schild „Mida Creek Mangrove Wetlands".** Am Eingang zum Creek findet sich auch ein kleines **Restaurant**, in dem Sie sich stärken können, bevor Sie auf Hängebrücken oder im Kanu zwischen den Mangroven unterwegs sind. Vor Einbruch der Dämmerung fahren Sie zum Abendessen ins romantische 8 **Crab Shack** *(Tel. 0725 3155 62 | €€)*. **Dafür orientieren Sie sich über Gedi zurück Richtung Watamu, biegen aber rechts nach Dabaso ein.** Über Brücken erreichen Sie das im Creek auf Holzpfeilern stehende Restaurant. Der Sonnenuntergang ist die Krönung der Tour. Ihr Fahrer bringt Sie dann zurück nach 9 **Watamu** ins Baumhaus. Wenn Ihr Flieger am nächsten Tag erst später geht, genießen Sie nochmal den Strand, bevor Sie zum 1 **Flughafen Malindi** gefahren werden.

TAG 4

27 km

6 **Ruinen von Gedi**

21 km

7 **Mida Creek**

27 km

8 **Crab Shack**

8 km

9 **Watamu**

TAG 5

24 km

1 **Flughafen Malindi**

SPORT & WELLNESS

Kenianer sind sportbegeistert – nicht nur die einheimischen Marathonläufer, die zu den besten der Welt zählen, feuert man hier an, auch Mannschaftssportarten wie Rugby und Fußball begeistern die Massen.

Das Thema Wellness spielt in Kenia eine wachsende Rolle. Immer mehr Spas werden eröffnet, die nicht nur von Touristen besucht werden. In der Gesamtheit betrachtet ist Kenia aber kein ausgemachtes Wellnessland, einige Angebote sind deutlich überteuert, und an einigen Standorten ist das Personal im internationalen Vergleich eher dürftig ausgebildet. Das heißt aber nicht, dass man es sich nicht bei einer Massage oder einer anderen Anwendung trotzdem gutgehen lassen kann.

BERGSTEIGEN

Der Mount Kenya, Afrikas zweithöchster Berg, gilt vielen erfahrenen Bergsteigern als größere Herausforderung als der weit bekanntere Kilimandscharo, der nur von Tansania aus bestiegen werden kann (s. S. 51). Während zwei der drei Gipfel des Mount Kenya, *Batian* und *Nelion,* nur von Profis zu bezwingen sind, ist der *Lenana*-Gipfel leichter zu erklimmen. Voraussetzung ist aber auch hier, dass das Wetter mitspielt: Während der Regenzeit zwischen Mitte März und Ende Juni sowie von Mitte Oktober bis Ende Dezember ist eine Besteigung ohnehin nicht möglich. Informationen rund um den Berg gibt der *Mountain Club of Kenya* am Wilson Airport in Nairobi *(www.mck.or.ke).* Der

 Bild: Trekking am Mount Kenya

Beim Tauchen, Trekking, Bergsteigen und Fischen kommen vor allem Sportler mit Hang zum Außergewöhnlichen auf ihre Kosten

Club veranstaltet regelmäßig Touren für seine Mitglieder und engagiert sich zunehmend auch fürs Mountainbiking. Geführte Wanderungen für Anfänger bzw. Nicht-Bergsteiger ebenso wie Aufstiege mit einheimischen Führern (die sind vorgeschrieben!) können u.a. in der *Naro Moru River Lodge* (s. S. 87) gebucht werden. Bei Spaziergängen, vor allem aber beim Bergsteigen, sollten Sie unbedingt die Höhe berücksichtigen und ausreichend Zeit zum Akklimatisieren einplanen!

BIKEN

Kenianer haben mit der Einführung billiger chinesischer Fahrräder das Radfahren entdeckt, und auch immer mehr Touristen radeln jetzt durchs Land, wenn auch mit angepassteren Gefährten. INSIDER TIPP Mountainbiking lässt sich im *Hell's Gate National Park* oder am Rand der Masai Mara organisieren. Ein Spezialveranstalter für solche Radtouren ist *Bike Treks (Tel. 020 4 44 63 71 | www.angelfire.com/sk/biketreks)*. Fahrradverleihe gibt es auch in allen größeren Küstenorten. Fahrradsafaris und mehrstündige Touren die Küste entlang organisiert *Bike the Coast (Tel. 0722 87 37 38 | www.bike thecoast.com)* auf der Gokartbahn in Mtwapa.

FISCHEN

Der Indische Ozean vor Kenia ist, was die Fischpopulationen angeht, noch verhältnismäßig intakt. Angler, die ihrem Fang wieder die Freiheit schenken, tragen dazu bei, dass es so bleibt. Dorade, Kingfish, Segelfisch, Schwertfisch, Thunfisch und (selten) Marlin gehören zur Ausbeute, die Sportfischer aus dem Meer ziehen. Beliebteste Basis ist Watamu, aber auch Malindi, Lamu und die Nordküste zwischen Mombasa und Watamu bietet gute Chancen. Infos, auch zu den mehrmals jährlich stattfindenden Angelwettbewerben, gibt es von der *Kenya Association of Sea Anglers (www.sportfishing.net)*. Die meisten Hotels arrangieren Bootstouren, Ausrüstung und Mannschaft inklusive. Je nach Standard zahlen Sie bei professionellen Anbietern 200 bis 500 Euro für einen halben Tag.

Beste Informationen und Kontakte gibt es im *Hemingway's (Watamu | Tel. 0702 99 99 50 | www.hemingways-watamu.com)* und (preiswerter) gleich nebenan im *Ocean Sports (Tel. 0724 38 97 32)*. Hochsaison ist Februar/März, viele Zimmer und Boote sind dann allerdings schon ein Jahr im Voraus ausgebucht. Die Fangsaison beginnt indes schon im August. Nur zwischen April und Juli ist das Wasser wegen des Monsuns meist zu unruhig, um auszufahren.

GOLF

Viele kenianische Golfclubs bewahren bis heute den Charme der Kolonialzeit. Seit Kurzem werden aber auch moderne Plätze angelegt. Beide haben gemeinsam, dass sie meist landschaftlich wunderschön gelegen sind und so Spielgenuss und Erholung zugleich bieten. Die Greenfee liegt je nach Platz zwischen 20 und 100 Euro. Der *Windsor Golf & Country Club (Tel. 0722 20 33 61 | www.windsorgolfresort.com)* nahe Nairobi hat sich auf Golfreisende spezialisiert, ebenso die *Great Rift Valley Lodge (Tel. 020 444 66 51 | www.heritage-eastafrica.com)* nahe Naivasha. INSIDER TIPP *Vipingo Ridge (nördlich von Bamburi Beach | Tel. 0700 33 74 89 | www.vipingoridge.com)*, ein nach USGA-Richtlinien angelegter 18-Loch-Platz an der Nordküste, begeistert mit endlosem Panoramablick auf den Indischen Ozean.

MARATHON

Für seine Marathonläufer ist Kenia berühmt. In Kenia selbst zu laufen kann zum unvergesslichen Erlebnis werden, z.B. beim *Nairobi Marathon (www.nairobimarathon.com)* oder beim Marathon durch die Masai Mara *(www.masaimaramarathon.co.ke)*; diesen Strapazen sollte man sich aber nur gut trainiert aussetzen.

SURFEN & SEGELN

Fast alle besseren Strandhotels vermieten für ca. 10 Euro die Stunde Surfbretter und vermitteln auf Wunsch auch Surflehrer. In der *Che Shale Bay (www.cheshale.com)* nördlich von Malindi kann man das rasante INSIDER TIPP Kitesurfing lernen; dabei wird das Surfbrett von einem Lenkdrachen gezogen. Je nach Windgeschwindigkeit kann das Brett dabei auch schon mal abheben. Segelboote mit und ohne Skipper vermietet u. a. die *Forty Thieves Bar (Tel. 0712 29 48 73)* an der Südküste.

TAUCHEN & SCHNORCHELN

Die bunte Unterwasserwelt Kenias lässt sich nur mit der Vielfalt der Flora und Fauna der Nationalparks vergleichen: Fische leuchten in knalligen Farben, Sonnenstrahlen brechen sich an den vor Leben wimmelnden Riffen. Die besten Tauchgründe findet man in den Meeresnationalparks Kenias: in *Malindi-Watumu, Mombasa* und allen voran im ★ *Kisite-Mpunguti Marine National Park* an der Südküste. Drei Meeresreservate – *Diani-Chale, Mombasa Marine National Reserve* und *Kiunga* – sind ebenfalls sehenswert. Attraktive Riffe südlich von Wasini Island können mit einem Boot von Shimoni aus erkundet werden. Zumeist verleihen die Bootsbesitzer auch Masken und Schnorchel, Verhandlungsbasis für das Komplettpaket: um die 100 Euro. Der Eintritt für die Meeresnationalparks kostet 15 US $, für Kisite-Mpunguti 20 US $. Tauchfahrten organisiert u. a. *Wasini Dhow (Tel. 040 3 20 21 44 oder 0712 91 85 89 | www.wasinidhow.com).* Die beste Zeit zum Tauchen ist zwischen Oktober und März; von Juni bis August ist das Wasser dagegen besonders aufgewühlt, sodass man kaum etwas sieht. Außer einem Tauchschein (der kann aber vor Ort in Kenia auch erworben werden) ist Ortskenntnis wichtig: Die ersten Tauchgänge auf unbekanntem Terrain unternimmt man am besten mit einem ortskundigen Führer.

Begegnung mit Großaugenbarschen im Indischen Ozean

WANDERN & TREKKING

Gut wandern kann man rund um den Mount Kenya und in Teilen der Aberdares. Wenig besucht und wunderschön ist der Mount Elgon. Safaris zu Fuß organisieren u. a. der Veranstalter *Karisia (Tel. 07 21 83 67 92 | www.karisia.com),* die *Kenya Museum Society (National Museum of Kenya | Nairobi | Tel. 07 24 25 52 99 | www.kenyamuseumsociety.org)* und *Game Trackers* (s. *Praktische Hinweise,* S. 118).

MIT KINDERN UNTERWEGS

Egal ob Ihre Kinder mal toben, schreien oder quer durchs Lokal laufen: In Kenia werden Sie mit Kindern dennoch liebenswürdig empfangen. Schließlich haben fast alle Kenianer schon in jungen Jahren selber Kinder. Deshalb wird man alles tun, um Ihren Kleinen einen erlebnisreichen Urlaub zu garantieren.

Ab zwei Jahren wird normalerweise der halbe Übernachtungspreis fällig, darunter sind Kinder kostenlos. Die meisten Hotels und Safarilodges bieten Ihnen einen Babysitter oder einen Türwächter, der Sie sofort alarmiert, wenn aus dem Zimmer Geschrei zu hören ist. Kindersitze fürs Auto sind unbekannt – im Zweifel mitbringen, ebenso wie Windeln, spezielle Cremes und Medikamente.

Wenn Ihr Kind alt genug ist, um im Nationalpark Tiere beobachten zu wollen, kaufen Sie ihm unbedingt ein eigenes Fernglas und/oder eine eigene Kamera. Ein INSIDER TIPP schönes Popup-Erklärbuch für Kinder ab sechs ist „Expedition Afrika – Abenteuer Safari" von Paul Beck. Ein toller Kinderführer ist „KenyaBUZZ Kids", wo auf 90 Seiten Adressen und Tipps für Kinder von 0 bis 18 Jahren aufgeführt sind (in allen Buchläden erhältlich).

Gefährlicher als Europa ist Afrika für Kinder nicht: Solange Sie nicht im Busch leben wollen, sind die drohenden gesundheitlichen Gefahren denen einer Mittelmeerinsel ähnlich – von Malaria abgesehen. Der Schutz vor Moskitostichen und damit Malaria ist bei Kindern noch wichtiger als bei Erwachsenen. Sprechen Sie mit Ihrem Kinderarzt, ob er zu einer Prophylaxe rät. Achten Sie darauf, dass Ihr Kind immer einen Sonnenhut trägt und mit Sonnencreme mit hohem Lichtschutzfaktor vor der Äquatorsonne geschützt ist. Erinnern Sie es immer wieder daran, Wasser zu trinken. Bei kleineren Kindern müssen Sie bei Durchfall früh darauf achten, dass das Kind nicht dehydriert; viel Wasser und eine aus der heimischen Apotheke mitgebrachte Elektrolytlösung verhindern das.

DIE KÜSTE

TAUCHEN (143 D5) (*M14*)

Tauchunterricht speziell für Kinder erteilt z.B. Thomas Sollacher in seinem *Diani Marine Scuba Diving Centre* an der Südküste. *Ukunda | Tel. 07 07 62 90 60 | www.dianimarine.com*

WILDWATERS (143 E4) (*M–N13*)

Das Funbad mit mehreren Schwimmbecken, diversen Erlebnisrutschen und

Kenias größte Attraktion ist natürlich die Tierwelt. Zebras, Löwen, Elefanten in freier Wildbahn – ein Riesenerlebnis!

Spielgeräten liegt nicht weit von der Mamba-Krokodilfarm in Nyali entfernt. *Tgl. 11–18 Uhr | www.wildwaterskenya.com*

NAIROBI

INSIDER TIPP DAPHNE SHELDRICK'S ORPHANAGE ● (134 C3) (K8)

Der Besuch in Daphne Sheldricks Tierwaisenheim ist beileibe nicht nur für Kinder ein Vergnügen: Jeden Tag um 11 Uhr kann man hier verwaisten Elefanten- und Nashornbabys beim Futtern und Spielen zusehen. *Magadi Road | www.sheldrick wildlifetrust.org*

LANGATA GIRAFFE CENTRE

(134 C3) (*K7*)

Auf der erhöht gelegenen Terrasse steht man hier Rothschild-Giraffen Auge in Auge gegenüber und kann die zutraulichen Tiere sogar füttern – ein tolles Erlebnis und ein Heidenspaß, nicht nur für Ihre Kinder. *Tgl. 9–17.30 Uhr | Gogo Falls Road | Langata*

NORDEN/SÜDWESTEN/ SÜDOSTEN

INSIDER TIPP ADVENTURERS CLUB

Camps der Heritage-Gruppe bieten schon kleineren Kindern im *Adventurers Club* spannende Spiele rund um die Natur in Begleitung eines Massai. Für die Größeren gibt's die *Young Rangers*, bei denen Sport, Wanderungen und eine spannende „Busch-Schule" angeboten werden. Locations: *Samburu Intrepids, Mara Intrepids, Voyager Beach Resort (Mombasa), Voyager Ziwani (Tsavo), Great Rift Valley Lodge (Naivasha). Heritage Hotels | Tel. 07 22 20 58 94 | www.heritage-eastafrica.com/kids-teens*

OZONE KIDS CLUB

Kinderprogramm der Sarova-Gruppe, mit Schwimmgalas, Wandern u.v.m. Locations: *Sarova Whitesands (Nordküste), Lion Hill (Nakuru), Sarova Shaba. Sarova Hotels | Tel. 02 02 76 70 00 | www.saro vahotels.com/ozone_kids_club.aspx*

EVENTS, FESTE & MEHR

Die Feste in Kenia sind so vielseitig wie die Bevölkerung: christliche, muslimische und hinduistische Feiern, und jeder – gleich welcher Religion er angehört – darf mitfeiern. Große Sportevents ziehen die Massen besonders an.

RELIGIÖSE FEIERTAGE UND FESTE

JANUAR

INSIDER TIPP **_Dhow-Regatta:_** Am Neujahrstag versammelt sich ganz Lamu am Strand von Shela, wo gegen Mittag die traditionelle Dhow-Regatta startet. Die Teams üben wochenlang für das Rennen, das meist mit dem Versenken der Sieger-Dhow endet.

Maulidi al Nabi: Zum Geburtstag des Propheten versinkt Lamu für eine Woche in den ausgelassenen Feiern gläubiger Muslime. Es wird gesungen, getrommelt und getanzt; die Bevölkerung feiert mit Stocktänzen und Dhow-Regatten. Bewegliches Fest nach dem Mondkalender. *www.lamutourism.org*

FEBRUAR

Kijani Festival: klassische Musik, Oper und Ballett am Fuß des Mount Kenya oder mitten im Nationalpark. Das Programm ändert sich jedes Jahr, Details unter *www.kijanikenyatrust.org*

JUNI/JULI

Lewa-Marathon: Der Lauf über staubige Lehmstraßen im Schutzgebiet der *Lewa Conservancy* im Norden Kenias gilt als eine der größten Herausforderungen weltweit, der sich jedes Jahr ca. 700 Athleten aus aller Welt stellen. *www.lewa.org*

Rhino Charge: Bei der Rallye am ersten Juni-Wochenende geht es nicht nur darum, schnellster zu sein – Sonderpreise gibt's auch für das schrillste Auto oder das auffälligste Team. Es ist das Wochenende der KCs, der *Kenyan Cowboys,* wie die weißen Kenianer vom Land genannt werden. Der Gewinn aus der Geländefahrt fließt dem Schutz bedrohter Nashörner zu. *www.rhinocharge.co.ke*

INSIDER TIPP **_Große Tierwanderung:_** Von August bis Oktober wimmelt die Masai Mara von Tieren: Dann wandern über 2 Mio. Gnus, Zebras und Antilopen aus der Serengeti in den Park, um das frische Gras zu fressen – und werden selbst zum Festmahl für Raubkatzen. Wenn alles abgeweidet ist, kehren die Tiere wieder um. In beide Richtungen müssen sie den Mara-Fluss überqueren, wo Krokodile lauern: ein atemberaubendes Spektakel!

Kenia hat viel zu feiern: So vielfältig wie die Bevölkerung sind auch die Feste, die die einzelnen Volksgruppen feiern

SEPTEMBER

Concours d'Élégance: Ein buntes Fest rund um Oldtimer, die Bastler und Sammler hier einmal im Jahr stolz von der Öffentlichkeit bestaunen lassen. Nairobis Upper Class kommt im passenden Vintage-Outfit mit bunten Hüten und langen Röcken. *www.concourskenya.com*

NOVEMBER

Lamu Cultural Festival: Für ein Wochenende wird die Unesco-geschützte Altstadt von Lamu Town zur Open-Air-Bühne. Zum Programm gehören Tanzvorführungen, Lesungen und Kunstausstellungen. *www.lamutourism.org*

INSIDER TIPP ***East African Safari Classic Rally:*** Einst war sie eine der bedeutendsten Rallyes der Welt, heute ist sie ein riesiges Spektakel: In mindestens 30 Jahre alten Autos brettern die Piloten von Mombasa aus in zehn Tagen 5000 km durch die Wildnis Kenias und Tansanias. Entlang der Strecke gibt es mehrere Tribünen. *www.eastafricansafarirally.com*

DEZEMBER

Jamhuri Day: Feiertag am 12. Dez. mit Umzügen und Ansprachen im Gedenken an den Tag der Unabhängigkeit 1963

FEIERTAGE

1. Januar	Neujahr
März/April	Karfreitag, Ostermontag
1. Mai	Tag der Arbeit
1. Juni	*Madaraka Day* (Unabhängigkeitstag)
20. Oktober	*Mashuja Day* (Tag der Helden)
12. Dezember	*Jamhuri Day* (Gründung der Republik)
25./26. Dez.	Weihnachten

Das muslimische Fest *Idd al Fitr* (Ende der Fastenzeit Ramadan) findet zu wechselnden Daten statt (Mondkalender). Fällt ein Feiertag auf einen Sonntag, ist meist der folgende Montag frei

LINKS, BLOGS, APPS & CO.

LINKS & BLOGS

www.marcopolo.de/kenia Alles auf einen Blick zu Ihrem Reiseziel: interaktive Karten inklusive Planungsfunktion, Impressionen aus der Community, aktuelle News und Angebote ...

www.magical-kenya.de Offizielle Site des kenianischen Fremdenverkehrsverbands (dt.) mit Filmen, Bildern und Infos zur Reiseplanung. Links führen zu einer Auswahl von deutschsprachigen Reiseveranstaltern, die in Kenia aktiv sind

www.kenyabuzz.com Umfassender Eventkalender für Nairobi und den Rest Kenias mit Adressenverzeichnis und Tagestipps (auf Englisch)

www.eatout.co.ke Restaurantkritiken von Hunderten Restaurants, Cafés, Bars und Nachtclubs im ganzen Land (engl.). Hilfreich ist die Restaurantsuche in der näheren Umgebung mit Hilfe einer digitalen Karte

www.allkenyanrecipes.com Blog von Mary Mueni, einer jungen Kenianerin, die die gesamte Vielfalt der kenianischen Küche mit deren unterschiedlichen Einflüssen darbietet. Die detaillierten Rezepte und Kochanweisungen sind mit ansprechenden Bildern illustriert

liportal.inwent.org/kenia.html Ausführliche Hintergrundinfos zu Land, Leuten, Wirtschaft, Politik und Gesellschaft von der Gesellschaft für Internationale Zusammenarbeit (GIZ)

www.travelnewskenya.travel Kostenfreies E-Magazin mit News, Tipps und Beschreibungen von Urlaubsorten in Kenia (engl.). Dahinter steckt die Redaktion des ehemaligen tn-Magazins, das vom Verlag eingestellt wurde

www.kwani.org Blog von Kenias bekanntesten Schriftstellern und Wortakrobaten; hier werden auch alle Lesungen bekanntgegeben (auf Englisch)

www.kilienya.de Blog eines deutschen Kletterteams, das den Mount Kenya

Egal, ob für Ihre Reisevorbereitung oder vor Ort: Diese Adressen bereichern Ihren Urlaub. Da manche sehr lang sind, führt Sie der short.travel-Code direkt auf die beschriebenen Websites. Falls bei der Eingabe der Codes eine Fehlermeldung erscheint, könnte das an Ihren Einstellungen zum anonymen Surfen liegen

und den Kilimandscharo erklommen hat. Außer vielen Fotos steht hier auch die nützliche Packliste zum Download bereit!

www.kenyatravelideas.com Kenia-Liebhaberin Siggi sammelt in ihrem Blog (engl.) echte Insidertipps: besondere Hotels, charmante Restaurants oder auch ungewöhnliche, spannende Ausflüge etwa auf eine Teeplantage oder in eine kaum besuchte Mangrovenbucht

www.travelfeedback.com/reiseziele/Kenia/Nairobi Praktische Site, bei der Urlauber ihre Bewertungen von Hotels, Veranstaltern etc. eingeben (Mitgliedschaft kostenlos)

www.facebook.com/NairobiExpatSocial Hier unterhalten sich Expats & Kenianer über alles Mögliche – von Sicherheitsfragen über Reiseplanungen bis hin zu praktischen Alltagstipps. Wer sich in die Gruppe eintragen lässt, kann eigene Fragen einbringen

VIDEOS

short.travel/ken1 Videoblog von ARD-Afrika-Korrespondenten, in dem u.a. Sabine Bohland, Shafagh Laghai und Ulli Neuhoff (Nairobi) Informatives, Lustiges, Schräges und Nachdenkliches aus Alltag und Gesellschaft des gesamten Kontinets zusammentragen

short.travel/ken2 Rundreise durch Kenia mit den beeindruckendsten Sehenswürdigkeiten (Youtube)

short.travel/ken3 Professionell gemachte Reisedoku u.a. durch die Nationalparks Tsavo und Masai Mara in drei Teilen (Youtube)

APPS

Kenyabuzz App zum keniaweiten Veranstaltungskalender von Kenya Buzz. Events, News und Videos für unterwegs

The Kingdon Guide to African Mammals Der hervorragende Tierführer (engl.) in einer handlichen Version für iPhone und iPad. Auf Safari lassen sich damit auch offline hervorragend alle vor die Linse gelaufenen Tiere bestimmen

PRAKTISCHE HINWEISE

ANREISE

Nairobis Kenyatta International Airport liegt 20 km südlich der Innenstadt. Mehrmals täglich fliegen *KLM* und *Kenya Airways* ab Amsterdam, *Swiss* fliegt fünfmal wöchentlich von Zürich, *British Airways* täglich, genauso wie *Air France* aus Paris und *Brussels Airlines* mehrfach die Woche ab Brüssel. Nebensaison: ca. 550, Hauptsaison ca. 800 Euro. Weitere Anbieter sind *Emirates* (via Dubai), *Ethiopian* (via Addis Abeba), *Qatar Airways* (via Doha), *Egypt Air* (via Kairo) oder *Turkish Airlines* (via Istanbul) nach Nairobi. Direkt nach Mombasa fliegen je nach Saison *Condor* und *Air Berlin*, sonst muss man in Nairobi einreisen, das Gepäck einsammeln und zum Inlandsterminal wechseln.

GRÜN & FAIR REISEN

Auf Reisen können auch Sie viel bewirken. Behalten Sie nicht nur die CO_2-Bilanz für Hin- und Rückreise im Hinterkopf *(www.atmosfair.de; de.myclimate.org)* – etwa indem Sie Ihre Route umweltgerecht planen *(www.routerank.com)* – , sondern achten Sie auch Natur und Kultur im Reiseland *(www.gate-tourismus.de; www.ecotrans.de)*. Gerade als Tourist ist es wichtig, auf Aspekte wie Naturschutz *(www.nabu.de; www.wwf.de)*, regionale Produkte, wenig Autofahren, Wassersparen und vieles mehr zu achten. Wenn Sie mehr über ökologischen Tourismus erfahren wollen: europaweit *www.oete.de*; weltweit *www.germanwatch.org*

AUSKUNFT

BOTSCHAFT DER REPUBLIK KENIA

10969 Berlin | Markgrafenstr. 63 | Tel. 030 2 59 26 60 | www.embassy-of-kenya.de

KENYA WILDLIFE SERVICE

Nairobi | Langata Road | Tel. 020 2 37 94 07 | www.kws.go.ke

KENYA TOURISM BOARD

Vertretung in Deutschland: Tel. 02104 83 29 19 | www.magical-kenya.de

AUTO

In Kenia herrscht Linksverkehr. Wer sich selbst ins chaotische Verkehrsgetümmel stürzen will, anstatt wie die meisten ein Auto mit Chauffeur zu mieten, braucht Mut und Vorsicht. Dass in Kenia links vor rechts gilt, wissen auch viele Kenianer nicht. Wichtigste Regel: nach Einbruch der Dunkelheit nur noch innerhalb der Städte fahren – Wildtiere (und viele Autos) haben keine Rücklichter. Straßen sind größtenteils in schlechtem Zustand, achten Sie auf Schlaglöcher. An Polizeisperren stets halten. Geschwindigkeitsbegrenzungen: in der Stadt 50, auf Schnellstraßen 100 km/h, im Nationalpark Schritt fahren.

AUTOMOBILE ASSOCIATION OF KENYA (AAK)

Nairobi | Embakasi | Tel. 02 06 97 90 00 | www.aakenya.co.ke

BANKEN & GELD

Währungseinheit ist der Kenianische Shilling (KSh). Banknoten gibt es zu 50,

Von Anreise bis Zoll

Urlaub von Anfang bis Ende: die wichtigsten Adressen und Informationen für Ihre Kenia-Reise

100, 200, 500 und 1000 Shilling; Münzen zu 1, 5, 10, 20 und 40.
In den Städten können Euro, US-Dollar und Reiseschecks in Banken und Forex-Büros (geht schneller) eingelöst werden. Mit Kreditkarte und PIN kann Geld an den selbst auf dem Land verbreiteten Geldautomaten gezogen werden. Auch die Maestro (EC)-Karte wird an Pesa-Point-Automaten akzeptiert, das Limit liegt bei 20 000 Shilling. Hotels und Restaurants können ebenso wie Safari-Packages mit Kreditkarte bezahlt werden, oft wird dafür ein Zuschlag von fünf Prozent verlangt. Hotels und Nationalparkeintritte werden oft in US-Dollar berechnet (in diesem Fall sind die Preise im Reiseführer in US-Dollar angegeben). Sie können aber (zu schlechtem Wechselkurs) auch in Shilling bezahlt werden. Alle anderen Kosten werden in Shilling beglichen. Im Reiseführer sind wegen der starken Kursschwankungen meist nur Richtwerte in Euro angegeben.

BUS

Die großen Städte sind alle mit Überlandbussen verbunden. Sehen Sie sich vor Kauf der Fahrkarte den Bus an, mit dem Sie fahren: Neben modernen Bussen gibt es noch viele alte Karossen, die nicht sicher scheinen. Fahren Sie nie über Nacht!

CAMPING

Campen bietet sich nur in den Nationalparks an, die alle mindestens einen Platz haben. Ein Verzeichnis der meisten Plätze gibt es auf der Website des KWS: *www.kws.org.* Wichtig: alles mitbringen, oft gibt es weder Wasser noch Toiletten.

DIPLOMATISCHE VERTRETUNGEN

DEUTSCHE BOTSCHAFT
Ludwig-Krapf-Haus | 113 Riverside Drive | Riverside | Nairobi | Tel. 020 4 26 21 00 | www.nairobi.diplo.de

ÖSTERREICHISCHE BOTSCHAFT
Limuru Road 536 | Muthaiga | Nairobi | Tel. 02 04 06 00 22 | nairobi-ob@bmeia.gv.at

SCHWEIZER BOTSCHAFT
General Mathenge Drive 89 | Westlands | Nairobi | Tel. 02 02 67 32 82 | www.eda.admin.ch/nairobi

EINREISE

Seit 2015 benötigen Besucher ein Visum, das vor der Abfahrt genehmigt werden muss. Das „eVisa“ kann im Internet unter *www.ecitizen.go.ke* beantragt werden. Hier erfolgt zunächst eine generelle Registrierung, im Anschluss lässt sich beim *Department of Immigration Services* auf derselben Internetseite ein Antrag auf ein Visum stellen. Europäer benötigen dafür einen über die Einreise hinaus noch 6 Monate gültigen Reisepass, eine gültige Flugbuchung und/oder eine Beschreibung ihrer Reisroute sowie ein biometrisches Passfoto. Diese Dokumente müssen eingescannt und beim Beantragen des Visums hochgeladen werden. Zusätzlich ist hier per Kreditkarte eine Visumgebühr von 50 US$, sowie ein Bearbeitungsgebühr zu entrichten. Die Bearbeitung soll innerhalb weniger Werktage erfolgen, wer sichergehen will, stellt den Antrag aber mit etwas mehr Vorlauf. Ab Ausstellung des Visums ist es 90 Tage gültig und muss bei Einreise mit dem Reisepass vorgelegt werden. Nähere Informationen zum Ablauf und zu Spezialvisa finden sich z.B. auf der Internetseite der kenianischen Botschaft in Deutschland *(www.embassy-of-kenya.de)*. Ein normales Visum ermöglicht es Ihnen, bis zu drei Monate in Kenia zu bleiben. Planen Sie eine Reise in der weiteren Region, lohnt sich u.U. die Nachfrage nach dem „East Africa Tourist Visa".

GESUNDHEIT

Wer aus Europa anreist, muss keine Impfungen nachweisen. Wollen Sie jedoch innerhalb von Afrika reisen, etwa nach Tansania, ist eine Gelbfieber-Impfung Pflicht, der Impfpass wird an der Grenze kontrolliert. Empfohlen wird außer den Grundimpfungen (Tetanus, Polio, Diphtherie) eine Impfung gegen Hepatitis A. Eine Typhusimpfung braucht nur, wer auf eigene Faust im Hinterland unterwegs ist. Sollten Sie gesundheitliche Probleme haben, lassen Sie sich vor ihrer Reise von einem Tropenmediziner beraten.

Malaria ist in Kenia weit verbreitet. Der Erreger wird von der Anophelesmücke übertragen, die vor allem in der Dämmerung (morgens und abends) aktiv ist. Hauptsymptome sind Fieber, das teils in Schüben auftritt, und alle Anzeichen einer schweren Grippe. Eine Impfung gegen Malaria gibt es nicht. Chemoprophylaxe (verschreibungspflichtig) bewirkt nur, dass die Krankheit bei Ausbruch weniger heftig verläuft. Weil die Inkubationszeit bis zu vier Wochen beträgt, muss man auch nach der Rückkehr von der Reise auf Malariasymptome achten. Am besten, man lässt sich gar nicht erst stechen: Mückensprays, lange Hemden und Hosen helfen dabei ebenso wie nachts ein Moskitonetz.

Kenia hat eine sehr hohe HIV-Rate, vor allem in den Touristengebieten. Sex ohne Kondom ist daher lebensgefährlich und unnötig: Kondome sind selbst in entlegenen Orten überall erhältlich.

In Kenias Krankenhäusern gilt: Erst wird bezahlt (meist bar), dann behandelt. Gehen Sie deshalb bei schlimmeren Erkrankungen möglichst zu zweit. Unbedingt empfehlenswert ist eine Mitgliedschaft bei den *Flying Doctors,* einem medizinischen Notdienst per Flugzeug: für 25 US $ bekommt man einen zweimonatigen Schutz fürs ganze Land *(AMREF | Wilson Airport | Nairobi | Tel. 020 6 99 30 00 | www.amref.org)*. Unbedingt vor der Reise abschließen sollte man eine Auslandskrankenversicherung mit Rückholoption.

KRANKENHÄUSER

– *Pandya Memorial Hospital | Dedan Kimathi Avenue | Mombasa | Tel. 041 2 31 35 77, 2 31 38 94*
– *Aga Khan University Hospital | 3rd Parklands Ave. | Parklands | Nairobi | Tel. 020 3 66 20 20*

WAS KOSTET WIE VIEL?

Kaffee	**1,70 Euro** *für eine Tasse*
Nationalparks	**20–80 Euro** *Eintritt für Parks/ Reservate*
Bier	**um 2 Euro** *für eine Flasche 0,5 l im Restaurant*
Benzin	**0,90 Euro** *für einen Liter Super*
Taxi	**um 25 Euro** *vom Flughafen in die Innenstadt von Nairobi*
Snack	**um 1,50 Euro** *für einen Samosa*

– *Gertrude's Garden (Kinderkrankenhaus) | Muthaiga Road | Nairobi | Tel. 020 3 76 34 74*
– *Diani Beach Hospital | Diani Beach | Tel. 040 3 20 22 07*

INLANDSFLÜGE

Kenias Inlandsflugnetz ist in den vergangenen Jahren rapide gewachsen. Außer *Kenya Airways (www.kenya-airways.com)* verbinden *Air Kenya (www.airkenya.com), Fly540 (www.fly540.com), Safarilink (www.safarilink.com)* sowie die Kenya-Airways-Tochter *Jambo Jet (www.jambojet.com)* Mombasa, Nairobi, Kakamega, Kisumu, Kitale, Lamu, Lodwar, Eldoret, Ukunda (Südküste) und zahlreiche Nationalparks miteinander. Die Flüge sind günstig (meist unter 100 Euro) und am einfachsten übers Internet zu buchen. Achten Sie bei Flügen ab Nairobi darauf, ob Ihre Maschine vom Internationalen Flughafen *Jomo Kenyatta* oder vom kleineren, zentralen *Wilson Airport* abfliegt.

INTERNET

Schon kleinere Städte haben Internetcafés. Wer mit dem Mobiltelefon online gehen will, kann außer in entlegenen Gebieten mit gutem Netz rechnen, (s. S. 118). Viele Hotels, Lodges und Restaurants bieten kostenloses WLAN.

MEDIEN

Im afrikanischen Vergleich steht es um Kenias Pressefreiheit verhältnismäßig gut. Allerdings gibt es aus der Politik immer wieder Versuche, sie einzuschränken. Auf unliebsame Journalisten wird mitunter massiver Druck ausgeübt. An Presseerzeugnissen gibt es eine breite Auswahl (meist in Englisch): die „Daily Nation" ist die Zeitung mit der größten Verbreitung, gefolgt von „The Standard". „Business Daily" legt den Fokus auf Wirtschaft in der Region. Die Wochenzeitung „East African" gibt einen Überblick und eine Einordnung der Geschehnisse in ganz Ostafrika. „Destination" heißt Kenias reich bebildertes Reisemagazin.

WÄHRUNGSRECHNER

€	KSh	KSh	€
1	109	10	0,09
2	218	20	0,18
3	327	25	0,22
4	436	30	0,27
5	545	40	0,36
6	654	50	0,45
7	763	70	0,63
8	872	80	0,72
9	981	90	0,81

MIETWAGEN

Internationale Autoverleiher haben in Mombasa und Nairobi Niederlassungen, sind aber teuer. Kenianische Unternehmen sind deutlich günstiger. Prüfen Sie vor Abfahrt den Wagen auf seinen Zustand und vergessen Sie dabei nicht den Ersatzreifen – die Wahrscheinlichkeit ist groß, dass Sie ihn brauchen werden!
– *Platinum Car Hire: Nairobi | Wai-yaki Way | Tel. 07 22 50 99 23 | www.platinumkenya.co.ke*
– *Concorde Car Hire: Nairobi | Shell-Tankstelle | Ring Road | Westlands | Tel. 20 4 44 89 53 | www.concorde.co.ke*

POST

Eine Postkarte per Luftpost (ca. 160 Schilling) braucht ein bis zwei Wochen, kann aber auch viel später eintreffen *(www.posta.co.ke)*. Express mit DHL.

REISEUNTERNEHMEN

GAME TRACKERS
Mangadi Tenting Center | Seminary Road | Karen | Nairobi | Tel. 073 130 95 13 | www.gametrackersafaris.com

LET'S GO SAFARI
ABC Place | Waiyaki Way | Westlands | Nairobi | Tel. 020 4 44 71 51 | www.uniglobeletsgotravel.com

PHOENIX SAFARIS
Village Market | Nairobi | Tel. 072 16 50 58 89 | www.phoenix-safaris.de

PRIVATE SAFARIS
OiLybia | Muthaiga | Nairobi | Tel. 072 0 60 81 11 | www.privatesafaris.co.ke

REISEZEIT

An der Küste sinken die Wassertemperaturen nie unter 25 Grad. Jahresmittel in Mombasa: 27–31 Grad (Luft). Hochsaison und heißeste Jahreszeit an der Küste ist Dez./Jan. Etwas kühler sind Juli/Aug. Reiseeinschränkungen kann es während der Regenzeit geben, Ende März–Mitte Mai und Nov./Dez. Dann sind einige Regionen (Aberdares, der Norden, Amboseli, Masai Mara) zeitweise mit dem Wagen unpassierbar.

SICHERHEIT

Kenia kam zuletzt immer wieder durch Terroranschläge in die Schlagzeilen. Meist sind Touristen dabei nicht das Ziel; in bestimmten Regionen sollten Sie dennoch besonders vorsichtig sein. Auch Kriminalität ist ein Thema. Es ist dringend geraten, die Sicherheitshinweise des Auswärtigen Amts zu beachten und die Reiseroute der aktuellen Lage anzupassen *(www.auswaertiges-amt.de)*. Über die Seite der Deutschen Botschaft in Nairobi können Sie den Newsletter „Elefand" beziehen, der über aktuelle Entwicklungen informiert.

STROM

Wechselstrom mit 230–240 Volt Netzspannung. Da die Anschlüsse der britischen Norm entsprechen, sind für deutsche Geräte dreipolige Adapter (mit eckigen Steckern) erforderlich. Bei empfindlichen elektronischen Geräten (Laptops, iPods, Handys) sind Stromspannungsregler (engl. *powersurge-regulators*) empfehlenswert, die in jedem kenianischen Supermarkt erhältlich sind.

TAXI

Taxen sind oft die beste und fast immer die schnellste Möglichkeit, von A nach B zu kommen. Erklären Sie dem Fahrer vor der Abfahrt, wohin Sie wollen, und machen Sie einen Preis aus. Nicht immer kennen die Fahrer den Weg, seien Sie deshalb vorbereitet – zur Not lassen Sie den Fahrer bei Ihrem Ziel anrufen und sich den Weg erklären. Nachts sollten Sie in Nairobi und Mombasa auch bei kurzen Strecken stets ein Taxi nehmen.

TELEFON & HANDY

Sinnvoll ist die Anschaffung der SIM-Card eines kenianischen Anbieters. *Safaricom* und *Airtel* sind im ganzen Land verbreitet, *Orange* und *YU* nur in den Großstädten. Die SIM kostet ca. 3 Euro und kann in jedes mitgebrachte Handy eingelegt werden. Aufgeladen wird das Handy von Prepaidkarten *(scratch cards)*, die überall erhältlich sind. Auch Gespräche und SMS nach Deutschland sind erstaunlich günstig. Die Telefonnummern in diesem Buch sind für den Gebrauch in Kenia aufgelistet: Von Europa aus wählen Sie 00254 vor und lassen die erste „0" weg. Vorwahl nach Deutschland: 0049, nach Österreich: 0043, in die Schweiz: 0041.

UNTERKÜNFTE

Auf Safari haben Sie meist die Wahl zwischen einer Lodge (Haus mit Zimmern) und einem Camp. Das Camp besteht aus Zelten, die begehbar, luxuriös eingerichtet und mit Bad versehen sind. Am Strand gibt es Resorts, die auf einem riesigen Gelände Hunderte Urlauber beherbergen. Alternativ gibt's Cottages oder Bandas, kleine Häuser, die oft aus Stein gebaut und deren Dächer mit *Makuti* (Palmblättern) gedeckt sind. Meist werden Übernachtungspreise *per person sharing,* also pro Person im Doppelzimmer, angegeben.

ZEIT

Kenia ist der Mitteleuropäischen Zeit (MEZ) um zwei Stunden voraus. Während der Sommerzeit in Europa reduziert sich der Abstand auf eine Stunde.

ZOLL

Einfuhr: 0,7 l alkoholische Getränke und eine Stange Zigaretten. Ein Ausfuhrverbot (und Einfuhrverbot nach Deutschland) gilt für Elfenbein, Felle, Korallen, Muscheln und Tiertrophäen. Freimengen bei der Rückreise in die EU: 200 Zigaretten oder 50 Zigarren, 1 l Spirituosen über 22 %, 4 l Wein, 50 ml Parfüm oder 250 ml Eau de Toilette sowie Waren im Wert von 430 Euro. Für die Schweiz gelten andere Bestimmungen.

WETTER IN MOMBASA

	Jan.	Feb.	März	April	Mai	Juni	Juli	Aug.	Sept.	Okt.	Nov.	Dez.
Tagestemperaturen in °C	32	32	33	31	29	29	28	28	29	30	31	32
Nachttemperaturen in °C	23	23	24	24	23	21	20	20	21	22	23	23
Sonnenschein Stunden/Tag	9	9	9	8	6	8	7	8	9	9	9	9
Niederschlag Tage/Monat	4	2	5	10	14	9	11	10	9	12	10	6
Wassertemperaturen in °C	27	28	28	28	28	27	25	25	27	27	27	27

SPRACHFÜHRER ENGLISCH

AUSSPRACHE

Zur Erleichterung der Aussprache sind alle englischen Wörter mit einer einfachen Aussprache (in eckigen Klammern) versehen. Folgende Zeichen sind Sonderzeichen:

θ	hartes [s] (gesprochen mit Zungenspitze an der oberen Zahnreihe, zischend)
D	weiches [s] (gesprochen mit Zungenspitze an der oberen Zahnreihe, summend)
'	nachfolgende Silbe wird betont
ə	angedeutetes [e] (wie in „Bitte")

AUF EINEN BLICK

ja/nein/vielleicht	yes [jäs]/no [nəu]/maybe [mäibi]
bitte/danke	please [plihs]/thank you [θänkju]
Entschuldige!	Sorry! [Sori]
Entschuldigen Sie!	Excuse me! [Iks'kjuhs mi]
Darf ich ...?	May I ...? [mäi ai ...?]
Wie bitte?	Pardon? ['pahdn?]
Ich möchte .../Haben Sie ...?	I would like to ...[ai wudd 'laik tə ...]/ Have you got ...? ['Həw ju got ...?]
Wie viel kostet ...?	How much is ...? ['hau matsch is ...]
Das gefällt mir (nicht).	I (don't) like this. [Ai (dəunt) laik Dis]
gut/schlecht	good [gud]/bad [bäd]
offen/geschlossen	open ['oupän]/closed ['klousd]
kaputt/funktioniert nicht	broken ['brəukən]/doesn't work ['dasənd wörk]
Hilfe!/Achtung!/Vorsicht!	Help! [hälp]/Attention! [ə'tänschən]/Caution! [,koschən]

BEGRÜSSUNG & ABSCHIED

Guten Morgen!/Tag!	Good morning! [gud 'mohning]/afternoon! [aftə'nuhn]
Gute(n) Abend!/Nacht!	Good evening! [gud 'ihwning]/night! [nait]
Hallo!/Auf Wiedersehen!	Hello! [hə'ləu]/Goodbye! [gud'bai]
Tschüss!	Bye! [bai]
Ich heiße ...	My name is ... [mai näim is ...]
Wie heißen Sie/heißt Du?	What's your name? [wots jur näim?]
Ich komme aus ...	I'm from ... [Aim from ...]

Do you speak English?

„Sprichst du Englisch?" Dieser Sprachführer hilft Ihnen, die wichtigsten Wörter und Sätze auf Englisch zu sagen

DATUMS- & ZEITANGABEN	
Montag/Dienstag	monday ['mandäi]/tuesday ['tjuhsdäi]
Mittwoch/Donnerstag	wednesday ['wänsdäi]/thursday ['θöhsdäi]
Freitag/Samstag	friday ['fraidäi]/saturday ['sätərdäi]
Sonntag/Werktag	sunday ['sandäi]/weekday ['wihkdäi]
Feiertag	holiday ['holidäi]
heute/morgen/gestern	today [tə'däi]/tomorrow [tə'morəu]/yesterday ['jästədäi]
Stunde/Minute	hour ['auər]/minutes ['minəts]
Tag/Nacht/Woche	day [däi]/night [nait]/week [wihk]
Wie viel Uhr ist es?	What time is it? [wot 'taim is it?]
Es ist drei Uhr.	It's three o'clock. [its θrih əklok]

UNTERWEGS	
links/rechts	left [läft]/right [rait]
geradeaus/zurück	straight ahead [streit ə'hät]/back [bäk]
nah/weit	near [niə]/far [fahr]
Eingang/Einfahrt	entrance ['äntrənts]/driveway ['draifwäi]
Ausgang/Ausfahrt	exit [ägsit]/exit [ägsit]

SUAHELI

Ja./Nein./Okay.	Ndiyo./Hapana./Sawa.	1	Moja
Bitte./Danke.	Tafadhali./Asante.	2	Mbili
Entschuldigung!	Samahani!	3	Tatu
Hallo, wie geht's?	Hujambo?	4	Nne
Danke, es geht mir gut.	Sijambo.	5	Tano
Guten Tag.	Habari.	6	Sita
Guten Morgen!/Guten Abend!	Habari za asubuhi!/Habari za jioni!	7	Saba
Auf Wiedersehen!	Kwaheri!/Tutaonana! (ugs.)	8	Nane
Ich heiße ...	Jina langu ni ...	9	Tisa
Ich komme aus ...	Mimi ninatoka ...	10	Kumi
... Deutschland.	... Ujerumani.	20	Ishirini
... Österreich./Schweiz.	... Mwaustria./... Uswisi.	100	Mia
Ich verstehe nicht.	Sielewi.		
Wie viel kostest es?	Hii ni shilingi ngapi?		
Bitte, wo ist ...?	Tafadhali, iko wapi ...?		
Helfen Sie mir bitte!	Tafadhali unisaidie!		

Darf ich Sie fotografieren?	May I take a picture of you? [mäi ai täik ə 'piktscha of ju?]
Wo ist ...?/Wo sind ...?	Where is ...? ['weə is...?]/Where are ...? ['weə ahr ...?]
Toiletten/Damen/Herren	toilets ['toilət] (auch: restrooms [restruhms])/ladies ['läidihs]/gentlemen ['dschäntlmən]
Bus/Straßenbahn	bus [bas]/tram [träm]
Parkplatz/Parkhaus	parking place ['pahking pläis]/car park ['kahr pahk]
Stadtplan/(Land-)Karte	street map [striht mäp]/map [mäp]
Bahnhof/Hafen	(train) station [(träin) stäischən]/harbour [hahbə]
Ich möchte ... mieten.	I would like to rent ... [Ai wud laik tə ränt ...]
ein Auto/ein Fahrrad	a car [ə kahr]/a bicycle [ə 'baisikl]
Tankstelle	petrol station ['pätrol stäischən]
Benzin/Diesel	petrol ['pätrəl]/diesel ['dihsəl]
Panne/Werkstatt	breakdown [bräikdaun]/garage ['gärasch]

ESSEN & TRINKEN

Reservieren Sie uns bitte für heute Abend einen Tisch für vier Personen.	Could you please book a table for tonight for four? [kudd juh 'plihs buck ə 'täibəl for tunait for fohr?]
Die Speisekarte, bitte.	The menue, please. [Də 'mänjuh plihs]
Könnte ich bitte ... haben?	May I have ...? [mäi ai häw ...?]
Messer/Gabel/Löffel	knife [naif]/fork [fohrk]/spoon [spuhn]
Salz/Pfeffer/Zucker	salt [sohlt]/pepper ['päppə]/sugar ['schuggə]
Vegetarier(in)/Allergie	vegetarian [wätschə'täriən]/allergy ['älladschi]
Ich möchte zahlen, bitte.	May I have the bill, please? [mäi ai häw De bill plihs]

EINKAUFEN

Wo finde ich ...?	Where can I find ...? [weə kän ai faind ...?]
Brennen Sie Fotos auf CD?	Do you burn photos on CD? [Du ju börn 'fəutəus on cidi?]
Apotheke/Drogerie	pharmacy ['farməssi]/chemist ['kemist]
Bäckerei/Markt	bakery ['bäikəri]/market ['mahkit]
Supermarkt	supermarket ['sjupəmahkət]
100 Gramm/1 Kilo	100 gram [won 'handrəd gräm]/1 kilo [won kiləu]
teuer/billig/Preis	expensive [iks'pänsif]/cheap [tschihp]/price [prais]
mehr/weniger	more [mor]/less [läss]
aus biologischem Anbau	organic [or'gännik]

ÜBERNACHTEN

Ich habe ein Zimmer reserviert.	I have booked a room. [ai häw buckt ə ruhm]
Haben Sie noch ...?	Do you have any ... left? [du ju häf änni ... läft?]
Einzelzimmer	single room ['singəl ruhm]
Doppelzimmer	double room ['dabbəl ruhm] (Bei zwei Einzelbetten: twin room ['twinn ruhm])

Dusche/Bad	shower ['schauər]/bath [bahθ]
Balkon/Terrasse	balcony ['bälkəni]/terrace ['tärräs]
Schlüssel/Zimmerkarte	key [ki]/room card ['ruhm kahd]
Gepäck/Koffer/Tasche	luggage ['laggətsch]/suitcase ['sjutkäis]/bag [bäg]

BANKEN & GELD

Bank/Geldautomat	bank [bänk]/ATM [äi ti äm]/cash machine ['käschməschin]
Ich möchte ... Euro wechseln.	I'd like to change ... Euro. [aid laik tu tschäindsch ... iuhro]
bar/ec-Karte/Kreditkarte	cash [käsch]/ATM card [äi ti äm kahrd]/credit card [krädit kahrd]
Banknote/Münze	note [nout]/coin [koin]
Wechselgeld	change [tschäindsch]

TELEKOMMUNIKATION & MEDIEN

Ich suche eine Prepaid-karte.	I'm looking for a prepaid card. [aim 'lucking fohr ə 'pripäid kahd]
Wo finde ich einen Internetzugang?	Where can I find internet access? [wär känn ai faind 'internet 'äkzäss?]
Brauche ich eine spezielle Vorwahl?	Do I need a special area code? [du ai nihd ə 'späschəl 'äria koud?]
Computer/Batterie/Akku	computer [komp'jutə]/battery ['bättəri]/rechargeable battery [ri'tschahdschəbəl 'bättəri]
At-Zeichen („Klammeraffe")	at symbol [ät 'simbəl]
Internetanschluss	internet connection ['internet kə'näktschən]
E-Mail/Datei/ausdrucken	email ['imäil]/file [fail]/print [print]

ZAHLEN

0	zero ['sirou]	30	thirty [θör'ti]
1	one [wan]	40	fourty [fohr'ti]
2	two [tuh]	50	fifty [fif'ti]
3	three [θri]	60	sixty [siks'ti]
4	four [fohr]	70	seventy ['säwənti]
5	five [faiw]	80	eighty ['äiti]
6	six [siks]	90	ninety ['nainti]
7	seven ['säwən]	100	(one) hundred [('wan) 'handrəd]
8	eight [äit]	200	two hundred ['tuh 'handrəd]
9	nine [nain]	1000	(one) thousand [('wan) θausənd]
10	ten [tän]	2000	two thousand ['tuh θausənd]
15	fifteen [fif'tihn]	10000	ten thousand ['tän θausənd]
20	twenty ['twänti]	1/2	a/one half [ə/wan 'hahf]
21	twenty-one ['twänti 'wan]	1/4	a/one quarter [ə/wan 'kwohtə]

REISEATLAS

Verlauf der Erlebnistour „Perfekt im Überblick"
Verlauf der Erlebnistouren

Der Gesamtverlauf aller Touren ist auch in der herausnehmbaren Faltkarte eingetragen

 Bild: Mount Kenya

Unterwegs in Kenia

Die Seiteneinteilung für den Reiseatlas finden Sie auf dem hinteren Umschlag dieses Reiseführers

A
B
C
SOUTH SUDAN
1
50 km
31.07 mi
Maki Nat. Park
Balala
Kaiemothia
1767
Kelem
Omo Wenz
Dande
100
Mogila
1697
Lotikipi Plain
Todenyang
1474
Ileret
2
Lokichogio
Lokitaung
Koobi Fora
Sibiloi National Park
Turkana
North I.
Lake Turkana
Kidepo Nat. Park
2749
Morvongole
350
106
Pelekech
1706
Murangering
A1
Kakuma
144
Kaabong
Kalokol
Central I.
Central Island Nat. Park
3
Loyoro
Loima Hills
2150
71
Eliye Springs
Lodwar
Turkwel
Kotido
90
170
Matheniko Game Reserve
1918
Lorukumu
A1
Kerio
South
304
4
Bokora Corridor
Moroto
Mt. Moroto
3084
Kangole
Okok Game Reserve
Lokichar
Lokichar
Rift Valley
2787
Karasuk Hills
Turkwel
1067
171
65
C46
Nabilatuk
Kaputirr
120
UGANDA
Amudat
Turkwel Gorge Res.
South Turkana Nat. Res.
Lokori
Suguta
Katakwi
Moruita
Oboa
3068
Kunyao
Nasolot Nat. Res.
5
Pian-Upe Game Res.
Lake Opeta
Napeitom
Kalossia
Lake Bisina
Kumi
226
Suam
Kongelai
Sigor
Bukedea
Kapchorwa
Mount Elgon N.P.
A1
Sebit
B4
Kapenguria
Cherangany Hills
3369
Sikoro
94
Tot
Kapedo
Maralal National Sanctuary
Mt. Elgon
4321
Mbale
(1112)
Endebes
N.P.
Kitale
190
Nat. P.
Budaka
Nginyang
6
Bisiu
45
Lwakhaka
Kimilili
A1
64
55
Moiben
B4
Tangulbei
B2
3
Nat. Res.
Tororo
A109
Malaba
Western
138
129
Soy
Iten
Loruk
40
74
C51
Lake Baringo
27
Busia
Bungoma
Webuye
58
Tambach
Kabarnet
C

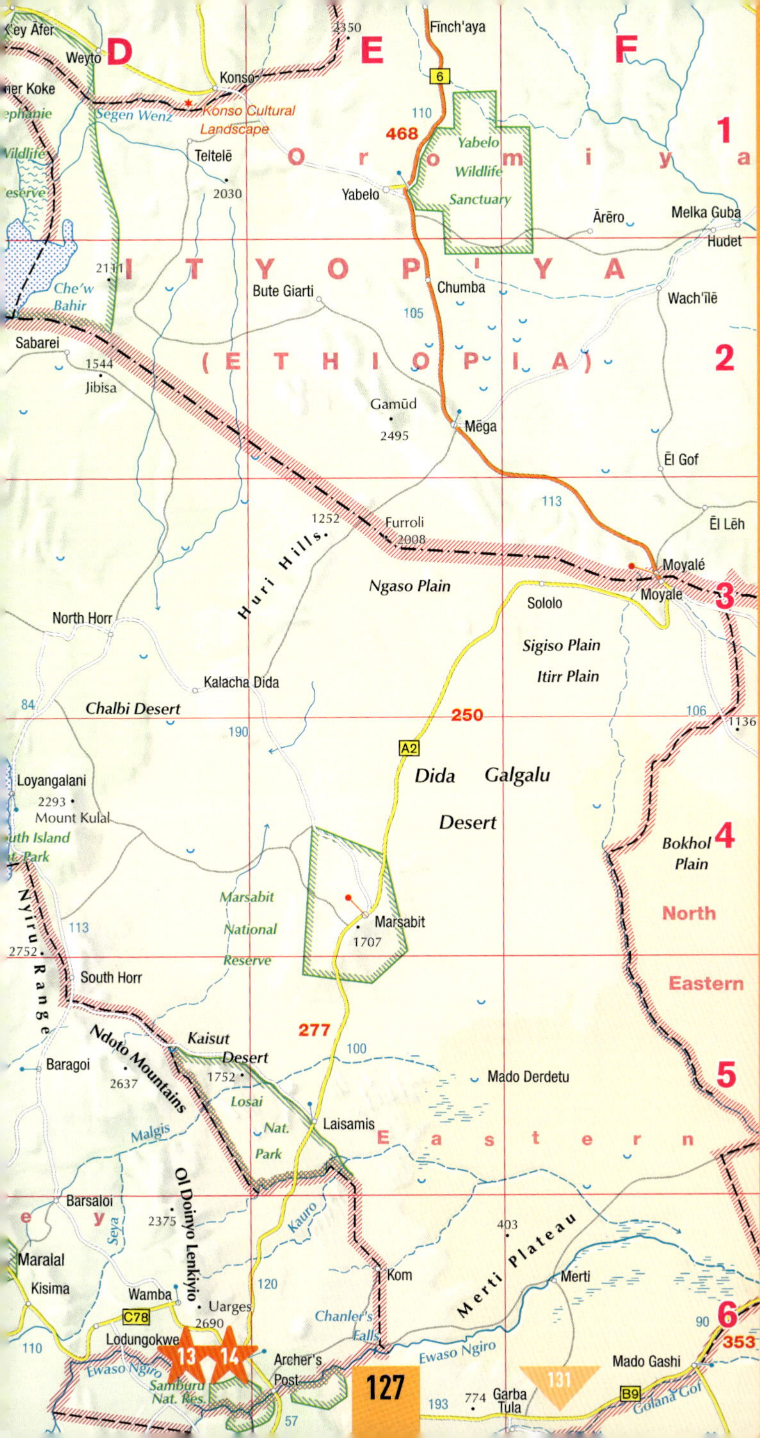
D
E
F
1
2
3
4
5
6
Key Āfer
Weyto
Konso
2350
Fīnch'aya
6
ner Koke
ephanie
Segen Wenz
Konso Cultural Landscape
110
468
Yabelo Wildlife Sanctuary
Teltelē
2030
Wildlife
eserve
O r o m i y a
Yabelo
Ārēro
Melka Guba
Hudet
2111
Che'w Bahir
I T Y O P' I Y A
Bute Giarti
Chumba
Wach'īlē
105
Sabarei
1544
Jibisa
(E T H I O P I A)
Gamūd
2495
Mēga
Ēl Gof
113
1252
Furroli
2008
Ēl Lēh
Huri Hills
Moyalé
Ngaso Plain
Moyale
Sololo
North Horr
Sigiso Plain
Itirr Plain
Kalacha Dida
84
Chalbi Desert
250
106
1136
190
A2
Loyangalani
Dida Galgalu Desert
2293
Mount Kulal
uth Island
at. Park
Bokhol Plain
Marsabit National Reserve
North
Marsabit
1707
Nyiru Range
113
2752
Eastern
South Horr
Ndoto Mountains
Kaisut Desert
277
100
Baragoi
2637
1752
Mado Derdetu
Losai Nat. Park
Laisamis
Malgis
E a s t e r n
Ol Doinyo Lenkiyio
Barsaloi
e y
Seya
2375
Kauro
403
Merti Plateau
Maralal
Kisima
Kom
Merti
Wamba
Uarges
120
C78
2690
Chanler's Falls
90
353
110
Lodungokwe
13
14
Ewaso Ngiro
Archer's Post
Samburu Nat. Res.
Mado Gashi
131
193
774
Garba Tula
B9
Golana Gof
57

A
B
C
126
Northern
Lake Bisina (Salisbury)
Mukara
Kide
Lake Opeta
Atuitui
Kumi
Kopenek
Ngenge
Karita
Kabarwa
20 km
12.43 mi
Ngoyo
Bunambutye
1228
Kaburoroo
Kapchorwa
Sipi Falls
Kyosoweri
2340
Lolok
Suam
Bukedea
Koliri
Muyembe
Kamorok
Chesoweri
Bukwa
UGANDA
Kidongole
Siroko
Muzoa
3341
Kanyarkwa
Kachumbala
Bulago
2768
Plateau
Mount Elgon
Susam Fishing Camp
Trans-Nzoia
Butebo
Kakoro
Budadiri
Buluganya
Mubiyi
4209
Hot Springs
Kwanza
Bulangira
Kabwangasi
Namunsi
Butesa
Bugitimwa
4321
Wagagai
4310
Mount Elgon National Park
Kimothon Cave
Kimothon
Mount Elgon Lodge
Kapolet Fishing
Kitum Caves
Endebes
Iki
Kamonkoli
Bugusege
Mount Sudek
Eastern
Mbale
(1143)
Naboa
Budaka
2346
Bududa
Busano
Bulucheke
Chepkitale
2563
Kachonga
Manafwa
Nabuinali
Bubulo
2158
Bunambale
Saboti
2509
Kiminini
Mazimasa
Bisiu
Bukhaweka
Nambola
Malakis
Kuiwa
Kaptalelia
Magodes
Khabutale
Magale
Emerikit
Molo
Butiro
Namba
Walanga
Kapkateny
Chesikaki
Kapsakwany
Kimilili
Nambal
Nagongera
Bubutu
Wamono
Kamakoiwa
Natiri Comer
Mukuju
Kwapa
Moding
Sirisia
Teremi
Chwele
Nzoia
Kisoko
Mulanda
Tororo
Kolanya
Malakisi
Bokoli
Misikhu
Osia
Sukulu
Malaba
Kekalet
Sikusi
Khachonge
Lugari
1672
Kibabii
Matisi
Lugulu
Webuye
Kipkarren
Nyemera
Transafrican Highway
Kimaeti
Makotelo
Laundeti
Maturu
Amukurra
Myanga
Bungoma
Milo
2137
Tangarat
Likoli
Mateka
Sangalo
Buwayo
Kwangamor
Bulumbi
Muntgatsi
Butali
Shirugu
Chept
Busia
Nambale
Munami
Makunda
Koyonzo
Wacheka
Malava
Masafu
Lwanda
Koli
Mwanza
Sifuyo
Matayo
Buhuyi
Western
Malaha
Mumias
Butsotso
Lubao
Magole
Lumino
1570
Bumala
Butula Muandas
Marach (Bukhalalire)
Shianda
Buchinga
Chemuneko
Majanji
Nangina
Kakamega
Bukaya
Lusumu
Lunza
Kakamenga Forest Reserve
Sio
Musanda
Bukura
Shinyalu
Ukwala
Sigomere
Musoli
Mukumu
Ambira
Butere
Shikondi
Muhudu
Siranga
Siamufua
Buambwa
Rangala
Maragoli
Chavakli
Chepku
Berkeley Bay
Ebusonga
Ndere
Malanga
Mundoli
Kilingiri
Esibuye
Mbale
Kaimosi
Port Bunyala
Port Victoria
Boro
Yala
Siaya
Luanda
Vihiga
Kibagara
Lake Kanyaboli
Kadenge
Ngiya
Usingo
Maseno
1850
Kapsotik
Gimarakwa
Equator
Osieko
Nyamoye
Yala
Lela
Kisian
Kibos
Miwani
Ugowa Bay
Kadimu
Usengi
Wusengi Point
Kadimu Bay
Akala
Awach
Ndori
KISUMU
(1146)
Bondo
Pau Akuche
Kaloka
Mageta Island
Nyanza
Port Southby
Asembo
Kamuga
Ahero
Asembo Bay
Awach
Lake Victoria
Ndere Island
Winam Gulf
132

D
E
F
126
1
2
3
4
5
6
Rift Valley
Ruma
Akeriemet
Marun
Sigor
Marich Pass
Ortum
Sondang
3206
Sebit
A1
104
B4
Lomut
C46
Kerio
1525
Chepkobeh
2083
Mtembur
Chepareria
Cherangany Hills
Chephotet
3369
3581
Chemnirot
Chesegon
Chebilil
Tiati
2351
Makutano
Kapenguria
Keringet
Lenan Forest
Kapkanyar Forest
Saiwa Swamp National Park
Kipsam
Kiptaberr Forest
Kipkunurr Forest
Tot
Kolowa
Carpello
Kito Pass
Chesongoch
Chesoi
Chesetan
3167
Kapcherop
Labot
Kitale
(1986)
C48
Cherangani
2910
Kapsowar
Chepkum
Koitilial
Kinyach
1858
Nginyang
Cheptongei
Sangurur
Chepkesin
Moi's Bridge
Chebara
Cheborowa
2603
Chebiermit
C52
Bartabwa
Moiben
Moiban
Springfield Halt
71
Uasin Gishu
Kabulwa
Bugar
Baringo
Yatya
Elgeyo Escarpment
Kerio Valley
Kerio Valley/ Kamnarok National Reserve
Nzoia
C50
B2
Koprobu
Poi
Sibilo
Loruk
Kasuru
Singore
Sergoi
Itentambach
Kaption
Bartolimo
2500
Lake Baringo
Island Camp
Soy
Turbo
Iten
Kamariny
Lake Kamnarok
Kapturwo
Tirimionin
34
2399
Kessup
Kabartonjo
Kampi Ya Samaki
A104
Murula
C51
Tambach
Kapteren
Kabluk
Lake Baringo Camp
Elgon
Leseru
2196
EDL
Biretwo
Seretunin
Salabani
Kabiemit
ELDORET
(2097)
Kabarnet
Kipkarren
Transafrican Highway
Plateau
C54
Kaptarakwa
Chebloch
Baringo (Marigat)
Logumukum
Kaiboi
Kabiyet
Kapkenda
Chororget
Sabor
Onyoki
Cheploske
Kapkalelwa
2421
Sacho
Kaptim
C37
Chemuswa
Chepitiret
Chepkorio
B4
Sandai
C39
Gara Falls
World's End
Kaptagal
Nyaru
Loboi Gate
Lake Bogoria
Mosoriot
Kaptum
Kimwarer
Cheplembus
Tenges
Ratat
Bergera
105
Kapchorua
B53
Tarakwa
Haraka
World's End
Kapchebelal
Maji Ya Moto
Lake Bogoria Nat. Park
96
Kapsabet
Kilibwoni
Lessos
Sojoi
Kamwosor
Kipsaos
Kapkuti
2799
Moto
Lelgel
C39
Kapsasur
C36
Ainabkoi
Sigoro
Mugundoi
Senghalo
Nabkoi
2988
Torongo
Emening
Sirwe
Mugurin
Nandi Hills
Kapchorua
2246
Kipkurere
A104
Timboroa
Saos
Eldama Ravine
Ngubreti
Mukuyuni
1884
C37
Kapsaos
2895
Narasha
Equator
Maji Mazuri
Lomolo
Tinderet Forest
Kibigori
Sorget
Makutano
Sabatia
C55
Mogotio
Gilgil
Songhor
Tinderet
2640
Limutet
2565
Transafrican Highway
Londiani
3010
Esageri Halt
Mc Call's Siding
Ol Punyata
Chemelil
Monastery
Visoi
Nyando
Muhorini
Fort Ternan
Mount Londiani Forest
Kampi Ya Moto
Awasi
C35
Londiani
B4
Koru
B1
Mau Summit
Menengai
79
B1
Tunnel
Kipkelion
Kedowa
133
Rongai
Molo
50

A
B
C
1
2
3
4
5
6
126
134
20 km
12.43 mi
Baringo
Lake Baringo
Island Camp
Chemoigut
Mukutan
Makutan Retreat
Nosuguro
Salabani
Loiminange
Churo
Sukuta Lol Marmar
Lodungokwe
Kirimun
C78
Loisaba Ranch
Ol Doinyo Ngiro
Ol Keju Losero
C77
Colcheccio
Logumukum
Ngelesha
Laikipia Escarpment
Rift
Valley
Laikipia
Tandaro
Sandai
Loboi Gate
Lake Bogoria
Ol Arabel Forest
Ol Ngarua
Maji Ya Moto
Lake Bogoria National Reserve
Hot Springs
Mukenya
Ol Malo
Nanyuki
Rumuruti
El Karama Ranch
Rumuruti Forest
Ewaso Narok
Emsos Gate
Hannington's View
Nabolo
Ewaso Ngiro
C51
C76
Hulmes Bridge
Chepkererat
Subukia Valley
Marmanet
Marmanet Forest
Thomson's Falls
Thomson's Falls Lodge
Sweetwater Tented Camp
Ngendale
Solai
Nyahururu
Ol Pejeta Ranch
Nanyuki
Kisinana
Milton's Siding
Subukia
Ngobit
Mountain Rock Lodge
Gilgil
Ol Punyata
677
Ol Joro Orok
Ndaragwa
Nagobit Fishing Club
Ongobit
NYK
B5
Lake Ol Bolossat
Ngobit Gate
Lamuria
Naro Moru River Lodge
A2
Sabugo
C83
Aberdare
Naro Moru
Menengai Crater
Kaheho
Shamata Gate
Chebuswa
Gatarakwa
Trans East Highway
NAKURU
Hyrax Hill
Dundori
Lanet
Ol Kalou
Aberdare
Solio Game Ranch
Main Gate
Lanet Gate
Ol Doinyo Lesatima (Satima)
Wandaris Park Gate
Tourist Centre
Pavillion (disused)
Mbaruk
Wanjohi
The Ark
Ark Gate
Mweiga
Aberdare Country
Sarova Lion Hill Lodge
National Park
Treetops
Nyeri Station
Lake Nakuru
Treetops Gate
Ruhuruini Gate
Kiganjo
Lake Nakuru Lodge
Makalia Camp
Oleolondo
Nyeri
Lake Elmenteita
Lake Nakuru National Park
A104
C69
Kipipiri
Chania Falls
Kigogoini
Kariandusi
Kiandongoro Gate
Fishing Lodge
Tusha
Mucharo
Elmenteita
Gilgil
Karura Falls
Kairuthi
Gititu
Kangema
Range
Mutubio West Gate
C70
Gura Falls
Othaya
Ndiaini
Gamble's Cave
Malewa
North Kinangop
Gichichi
Ilkek
Tulaga
Kinangop
Kiriani
Gakurwe
Kiambogo
Opuru
Masai Gorge
Kiamutura
Gathukiini
Mau Escarpment
Morendat
Aberdare Forest
Eburru Guest Cottage
Governors Camp Rift Valley
Kanyenyaini
Loldia Farm
Naivasha
South Kinangop
Gitugu
Koimbi
C72
Melili
Lake Songasoi Lodge
Lake Naivasha
Crescent Island Sanctuary
Munyu
Githioro
Crater Lake Game Sanct.
Lake Naivasha Country Club
C67
Central
Kiarutara
Kigumo
Kiahiti
Kisamere
A104
Safariland Lodge
Transafrican Highway
Gatakaini
Githurnu
Kongoni
Suswa
Sakutiek
Olkaria Gate
Elsa Gate
Fisherman's Camp
Longonot Game Ranch
Chomo
Saba Saba
Hell's Gate National Park
Fisher's Tower
Longonot
Kamae
Kandara
Njorowa Gorge
Kijabe
Kirwara
Longonot
Magina
Gakoe
Ildamai
Longonot National Park
Matathia
C66
Karinga
Thika

D
E
F
1
2
3
4
5
6
127
136
Ol Kanjo
1613
Losesia
Lolokwe
2011
A2
C79
alinga
Chanler's Falls
Chanler's Falls Gate
Ewaso Ngiro
1527
Ngotogongoron
13
14
Samburu National Reserve
Archer's Post Gate
Archer's Post
Buffalo Springs
Natorbe Gate
Shaba National Reserve
West Gate
Buffalo Springs Lodge
Samburu Lodge
Shaba Gate
1622
Magado
Kula Mawe
Osinyei
Buffalo Springs National Reserve
Ngare Mara Gate
Great North Highway
Ol Doinyo Lossos
2124
Tassia Lodge
Kambi Ya Chumvi
B9
1971
1263
Don Dol
Mukogodo Forest
Il Ngwesi Lodge
Isiolo
Lewa Downs Guest Farm
Mutuati
Theera
Loragai
Lare
Park Headquarters
Kinna
New Murera Gate
Al Jiju
Wilderness Trails
Laghisiolo
Muthara
Kangeta
Meru Mulika Lodge
Borana Lodge
Lewa Wildlife Conservancy
23
30
24
32
Kiengu
Bisanadi Gate
Itianl
2514
Maua
Leopard Rock Lodge
Lewa Lodge
39
1735
Loloria
Tigania
Amugaa
Nyambeni Forest
Meru
daika
ntains
2591
Doigan
Ndare Forest
Trans East-African Highway
16
Miathene
Kathi
54
11
1627
31
Mikinduri
Ruiri
Meru Forest
1617
Rojewero National Park
Plains
Kirua
25
B6
9
A2
52
Timau
29
Emborj
Forest Lodge
2617
Thimangiri
Sirimon
23
Kithaku
Meru
Giak
Thanandu
Ura
Ura Gate
Mount Kenya
Meru Museum
Kazita
Equator
Mount Kenya Safari Club
Judy Mey's Camp
Kithirune
20
1370
38
Nkubu
Kathithine
Nanyuki
Mount Kenya
Ithanguni
3894
Kazita
35
12
Secret Valley Lodge
Mutonga
30
Kanjora
1092
Batian
5199
Minto's Hut
Meru-Mount Kenya Lodge
Kanyekine
Mitunguu
Mackinders Camp
4985
Kionyo
24
Igoji
C92
Tunyai
Gatungu
Kalangachini
Lenana
Austrian Hut
Ndua
2783
40
Met. Station Lodge
Keria
Chogoria
Magutuni
30
National Park
Mutonga
Sagana
Mutindwa
1527
Usueni
Kabaru
Eastern
Nithi
Ruguti
Chiokarige
Tharaka
154
Mountain Lodge
Kamweti
Irangi
Thuchi
Kanjuki
B6
Chuka
51
Nyamindi
Chehe
Giakaibij
Thuchi River Lodge
Thiba Fishing Camp
Gathanda-ini
Runyenje
Itugururu
C93
Ihwagi
Kiamutugu
19
Kagumo
Nembure
Ena
24
Kanyambora
Ishiara
Katse
Kerugoya
34
19
Tana
1747
Kimangau
60
Kianyaga
C74
11
Embu
Kiangombe
1603
Makaungu
21
Kiamuringa
Kerie
1746
Mumoni
Mururiin
8
Kutus
Mururi
B7
Siakago
14
C73
18
29
Kimbimbi
Musonoke
26
Kagio
B6
25
Sagana
45
53
Nyamindi
Thiba
Kiritiri
Kiambere
Kiambere Reservoir
1175
1
Iriamurai
Fort Hall
13
80
Kamuwongo
Wamumu
Thiba
Karaba
Mwea National Reserve
Mayuria
Riachira
Waita
Maragua
C93
Kamahuha
Riakanau
Kindaruma Reservoir
Makuyu
46
Kivaani
Tana
Gitaru Reservoir
Mutuangombe
A2
Masinga Reservoir
Kaewa
1311
Mwingi
A3
Santamor Halt
Kititu
Masinga
34
48
Mitubiri

Ugowa Bay
Usengi
Wusengi Point
Kadimu Bay
Kadimu
Bondo
A
128
Ndori
Akala
Awach
B
C27
Kaloka
Pau Akuche
Kisian
B1
KIS
Kibos
Miwani
C34
C
KISUMU
(1146)
Mageta Island
Port Southby
Asembo
Kamuga
Asembo Bay
Ndere Island
Ndere Island National Park
Ahero
Awach
20 km
12.43 mi
Lake Victoria
Kampala
Winam Gulf
Nyakach Bay
Madiany
Ragengni
Rusinga Island
Crater Flamingoes
Osoda Point
Osodo Bay
Papondit
Prehistoric Discoveries of Human Relicts
Ndigwa
Fort
Kusa
Rakwaro
Kendu Bay
C19
Sondu
Kasamanya
Rusinga Island Club
Mfangano Island Camp
Ulajo
Ranalo
Homa Point
Uyama Port
Mount Homa
1753
Lake Simbi
Gendia
Huma Lime
Sambo Orinda
Mbita
Rushinga Channel
Mboya's Mausoleum
Ukula
Sena
Mfangano Island
Takawiri Island Resort
Mbita Passage
Homa Bay
C26
Kabondo
96
Gembe 1875
Luanda
Kagan
Nyangweso
1298
Pelicanry
Ringa
Bonyunyun
Gembe Hills
1868
Sindo
Kwoyo
Homa Bay
Oyugis
Ragwe Point
C18
Nyanza
Gwasi Hills
2271
Rambusi
Rangwe
Manga
Tinga
A1
Mwanza
Musoma
Ruma National Park
Marinde
Tabaka
Nyakoe
Magunga
Ongeng
C20
Nyambunwa
Kisii
Nyandhiwa
Mirogi
Odienya
Kamagambo
Itumbe
Keumbu
58
Kerok
Qndiek's
C18
Riano
Rongo
Okuodo Point
Luanda
Rakwaro
Ogembo
Nyanturago
Karungu
Kagaga
Ranen
Gucha
Masimb
Karungu Bay
Rapogi
Moqunga
Sare
65
Kuja
Wath Onger
Gucha
Nyangusu
C16
Gurekeri Bay
Macalder Mines
Uriri
Mariwa
C17
Morra Point
Othoch Rakuom
C13
Ongoche
1636
Monianku
Muhoro
Kakrao
Akoko
Kilgoris
Bande
Masara
Mukuro
Oyani
Migori
Moita 2037
Shirati
Suna
Migori
Nyarombo
Kurtiange
A1
Suba Kuria
Kihancha
Tatwe
C13
Sirari
Isebania
1685
1734
Lolgorien
188
B6
Ronda
Utegi
Mori
Tarime
Nyamwaga
Gamasara
Rosana
Ntimaru
Soit Oloololo
Keringani
1985
Mara
Tinigireme
1685
1840
Bwiregi
Rekero
Buturi
104
Kitandu
Mara Mine
1920
Kisaka
Magana
Masirori Swamp
Mara
Maji Moto
1779
Busegwe
Kiagata
Iramba
Ikorongo
Serengeti
Butiama
1649
Mara Game Reserve
Buhemba
TANZANIA
Bisariye
National Park
Nyamuswa
Mugumo
Grumeti
Negoti

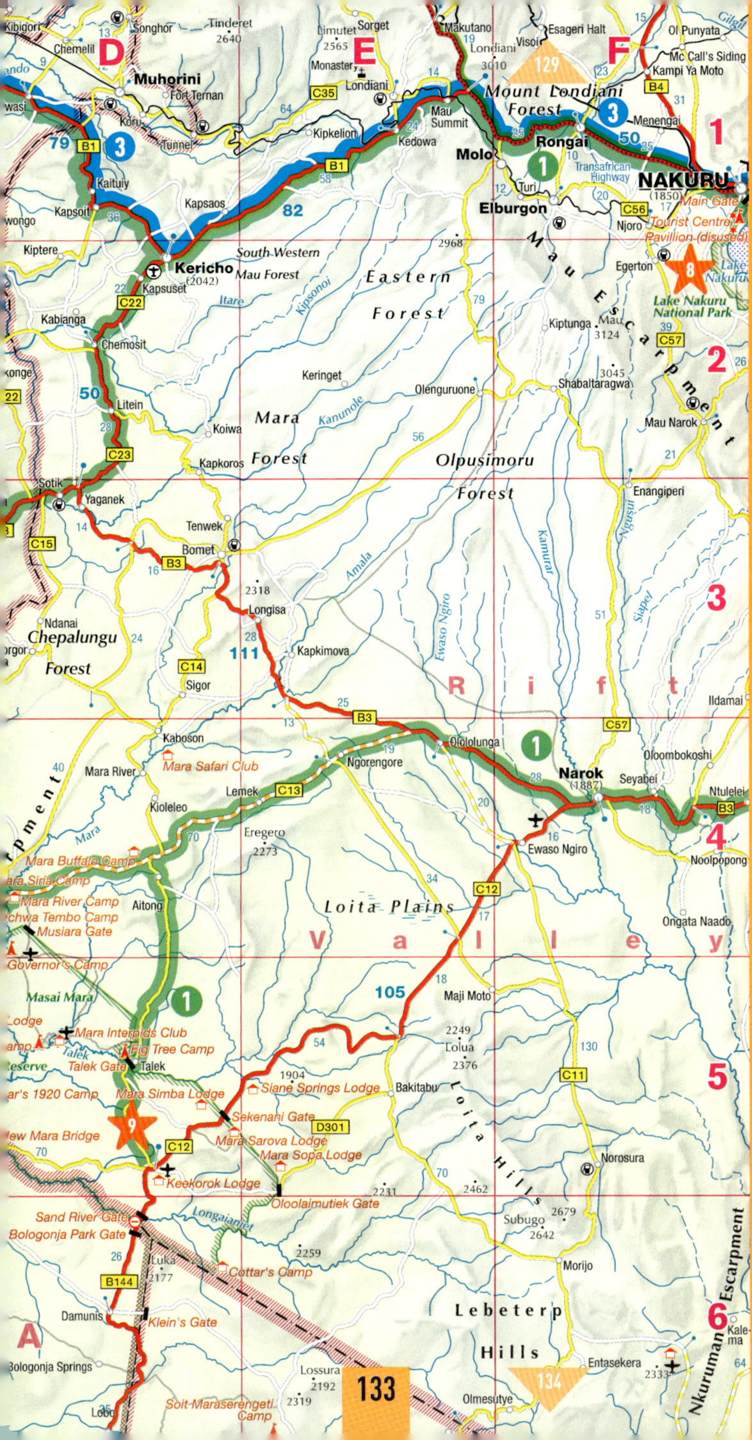

D
E
F
Kibigori
Songhor
Tinderet 2640
Limutet
Sorget
Makutano
Esageri Halt
Ol Punyata
Chemelil
2565
Londiani 3010
Visoi
129
Mc Call's Siding
Kampi Ya Moto
Monastery
Londiani
Muhorini
Fort Ternan
C35
Mount Londiani Forest
Koru
Tunnel
Mau Summit
Kedowa
Kipkelion
Rongai
Menengai
B4
Molo
Transafrican Highway
NAKURU (1850)
Main Gate
Tourist Centre
Pavillion (disused)
Turi
Elburgon
Njoro
C56
B1
Kaituiy
Kapsoit
Kapsaos
Kiptere
Kericho (2042)
Kapsuset
C22
South Western Mau Forest
Itare
Kipsonoi
Eastern Forest
Mau Escarpment
Egerton
Lake Nakuru
Lake Nakuru National Park
Kabianga
Chemosit
Kiptunga
Mau 3124
3045
C57
Keringet
Olenguruone
Shabaltaragwa
Mau Narok
Litein
Koiwa
Mara Forest
Kanunole
Kapkoros
C23
Olpusimoru Forest
Enangiperi
Sotik
Yaganek
C15
Tenwek
Bomet
B3
2318
Amala
Kamurar
Ewaso Ngiro
Siapei
Ngusin
Longisa
Ndanai
Chepalungu Forest
Kapkimova
C14
Sigor
Rift
Ildamai
Kaboson
Mara Safari Club
Ololulunga
Narok (1887)
Oloombokoshi
Seyabei
Ntulelei
Mara River
Lemek
C13
Ngorengore
Kioleleo
Eregero 2273
Ewaso Ngiro
Escarpment
Mara
Mara Buffalo Camp
Mara Siria Camp
Mara River Camp
Kichwa Tembo Camp
Musiara Gate
Aitong
Loita Plains
C12
Noolpopong
Ongata Naado
Valley
Governor's Camp
Masai Mara
Lodge
Mara Intrepids Club
Fig Tree Camp
Talek
Talek Gate
Reserve
Maji Moto
2249
Lolua
2376
Loita Hills
C11
1904
Siana Springs Lodge
Bakitabu
Mara Simba Lodge
Sekenani Gate
D301
Mara Sarova Lodge
Mara Sopa Lodge
New Mara Bridge
Keekorok Lodge
Norosura
Ol Kurruk Gate
Ololaimutiek Gate
2231
2462
2679
Subugo 2642
Sand River Gate
Bologonja Park Gate
Longaianiet
2259
Morijo
Luka 2177
Cottar's Camp
B144
Damunis
Klein's Gate
Lebeterp Hills
Nkuruman Escarpment
Kalema
A
Bologonja Springs
Lossura 2192
2319
134
Entasekera
2333
Soit Maraserengeti Camp
Lobo
Olmesutye

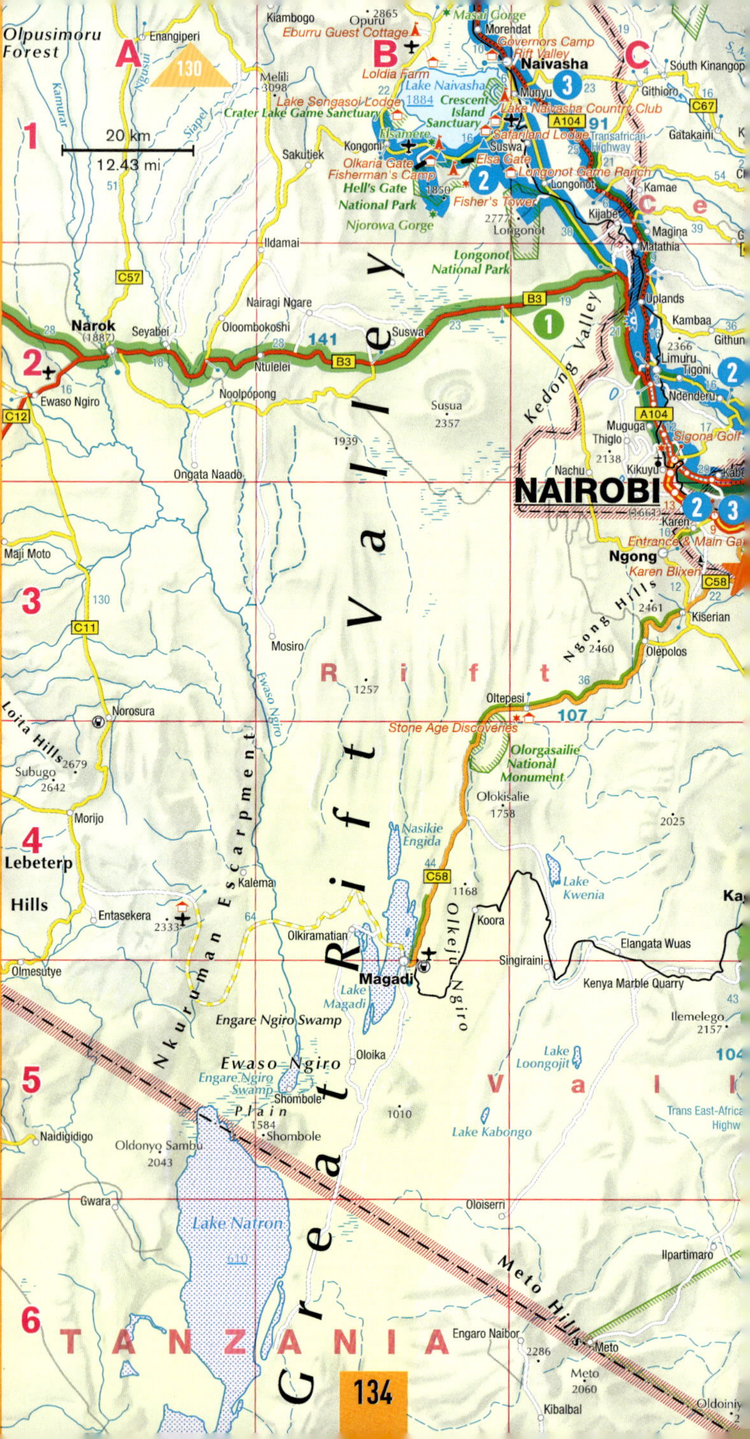

Olpusimoru Forest
A
B
C
130
Enangiperi
Kiambogo
Opuru
2865
Masai Gorge
Morendat
Eburru Guest Cottage
Governors Camp
Rift Valley
Naivasha
South Kinangop
Melili
3098
Loldia Farm
Lake Naivasha
1884
Crescent Island Sanctuary
Munyu
Githioro
C67
Lake Songasoi Lodge
Crater Lake Game Sanctuary
Lake Naivasha Country Club
A104
91
Elsamere
Safariland Lodge
Transafrican Highway
Gatakaini
1
20 km
12.43 mi
Kamurar
Ngusur
Siapei
Sakutiek
Kongoni
Suswa
Olkaria Gate
Elsa Gate
Fisherman's Camp
Longonot Game Ranch
Hell's Gate National Park
1850
Fisher's Tower
Longonot
Kamae
Njorowa Gorge
2777
Kijabe
Magina
Matathia
Ildamai
Longonot National Park
C57
Nairagi Ngare
B3
Uplands
Narok
(1887)
Seyabei
Oloombokoshi
141
Suswa
Kambaa
2366
Githun
2
Ntulelei
Limuru
Tigoni
Ewaso Ngiro
C12
Noolpopong
Kedong Valley
Ndenderu
Susua
2357
Muguga
Thiglo
Sigona Golf
1939
2138
Ongata Naado
Nachu
Kikuyu
NAIROBI
(1661)
Karen
Entrance & Main Gate
Maji Moto
Ngong
Karen Blixen
C58
3
130
Ngong Hills
2461
C11
Kiserian
Great Rift Valley
Mosiro
2460
Olepolos
Rift
1257
Ewaso Ngiro
Oltepesi
107
Norosura
Stone Age Discoveries
Loita Hills
2679
Olorgasailie National Monument
Subugo
2642
Olokisalie
1758
2025
Morijo
Nasikie Engida
4
Lebeterp Hills
Nkuruman Escarpment
Kalema
C58
1168
Lake Kwenia
Entasekera
2333
Koora
Olkejiu Ngiro
Olkiramatian
Elangata Wuas
Singiraini
Olmesutye
Magadi
Kenya Marble Quarry
Lake Magadi
Engare Ngiro Swamp
Ilemelego
2157
Oloika
Lake Loongojit
5
Ewaso Ngiro Plain
Engare Ngiro Swamp
Shombole
1584
Shombole
1010
Vall
Trans East-African Highway
Naidigidigo
Oldonyo Sambu
2043
Lake Kabongo
Gwara
Oloiserri
Lake Natron
610
Ilpartimaro
Meto Hills
6
TANZANIA
Engaro Naibor
2286
Meto
Meto
2060
Kibalbal
Oldoiny

Gathukiini
Mugeka
Kagio
Sagana
B6
53
Nyamindi
45
Kiritiri
Kiambere
Gitugu
Kanyenyaini
D
E
Thiba
F
80
131
Iriamurai
Koimbi
C72
A2
Thiba
Muranga
(1204)
Fort Hall
Wamumu
Karaba
Mwea National Reserve
Mavuria
Riachira
1
Kigumo
Githurnu
Kiahiti
Maragua
Kamahuha
Riakanau
Kindaruma Reservoir
Kivaani
Gitaru Reservoir
Saba Saba
Makuyu
46
Kandara
Masinga Reservoir
Tana
Kaewa
1311
Kirwara
C71
A2
Santamor Halt
Kabati
Kititu
Masinga
B7
Thika
Mitubiri
Nzukini
Thika Falls
Chania Falls
Kithioko
THIKA
(1494)
Kilima
Kilima Mbogo
84
Thika
1530
Gatundu
Mangu
Trans East-African Highway
Kangonde
A3
2
Nembu
Kalimoni
Fourteen Falls
2146
Matuu
A3
B7
Katutu
Kiambu
RUIRU
Kyanzavi
Kahawa
Nairobi
Ol-Doinyo Sabuk National Park
Yatta
Kithimani
Mathunyani
C64
A2
42
Nairobi
Dandora
Tala Tourist Lodge
Tala
Kabaa
NBO
C98
A100
Embakasi
KANGUNDO
Athi
Kinyala
Mitaboni
Eastern
Nairobi National Park
26
Kathiiani
Kivaani
Syathani
38
Masai Gate
Masai Lodge
Marimbeti
C99
118
Myondoni
Cheetah Gate
Mutondoni
Makutano
Wamunyu
Katangi
3
Athi River
1836
Ngelani
Yatta Plateau
22
Machakos
C97
Masil
Yatta
Lukenya
Mosque
Kaani
Lema
Athi Plains
Kitooni
Kiatineni
Miu
50
A109
Tawa
Uaani
1625
Stony Athi
Makaveti
Thwake
Kavumbu
Ilika
1940
1969
Kapiti Plains Estate
C97
Muumandu
Mbombuni
Kalawa
1939
Mbooni
Isinya
A101
Mutembuku
Kapiti Plains
Konza
Kivani
Kilala
Katangini
4
A104
Kilima Kiu
Kitandi
Keite
Transafrican Highway
Makueni
Ulu
Nunguni
Kikoko
Nziu
Enzai
C99
Salama
Wautu
Nkoikarisini
110
Mumbuni
Kathonzweni
Kiu
Kalembwam
Maiyani
Kasikeu
Thavu
Enkorika
Kima
Matiliku
Masumba
1726
Busiani
Sultan Hamud
Mwanyan
Nzai
Kikumini
Emali
5
Mashuru
Iron Snake Train
Ol Keju Ado
Kibini
C102
Muoni
Selengei
Simba
Maparasha Hills
Kiboko
A109
Makindu
Emotoroki
Selengei
Nyiri Desert
Transafrican Highway
Ngalataik
Temple
Hunter's Lodge
Kiboko
Mailua
Olosinkiran
Merueshi
6
Migululu
1511
Amboseli Game Reserve
Lengesim
Kiboko
A104
135
C102
141
Chyulu Hills
Namanga River Lodge
C103
Namanga (Meshanani) Gate

A
B
C
1
2
3
4
5
6
131
141
20 km
12.43 mi
Nzukini
Kangonde
Matuu
Kithimani
Kabaa
Kinyala
Thitani
Kithioko
Katutu
Mathunyani
Ndolo Corner
Kathibo
Matinyani
Syongila
Mutukya
Migwani
Nzeluni
Mutonguni
1641
Nuu
Mui
Ikoo
Mutitu
Kitui
1364
Wikililye
Kyuluni
Inyuu
Zombe
Makongo
1478
Mwitika
Kyamatu
118
Myondoni
Wamunyu
Katangi
Tiva
Katulani
Yatta
Kisasi
Mwewe
Musa
Mbitini
1237
Lema
Miu
Uaani
1625
Kavumbu
Ilika
Mbombuni
Kalawa
Mutembuku
Katangini
Kilala
Keite
Thwake
Mombasa
Ikanga
Voo
Thua
1353
Mutha
150
Mutomo
Makueni
Nziu
Mumbuni
Kathonzweni
Thavu
Kyoani
Muthue
Matiliku
Masumba
Kanziko
Mwanyan
Kikumini
Kalivu
Ikutha
Yatta Plateau
Tiva
Athi
Eastern
Kimathenya
1159
Wakabi
Yatta Gap
Kasala
Iron Snake Train
Simba
Muoni
Kiboko
Kiluluini
Kailembwa
Tsavo East National Park Northern Area HQ
Warden's House
Transafrican Highway
Temple
Makindu
Hunter's Lodge
Kiboko
Ikulumi
991
Masalani (Bushwalker's) Camp
Tundani
Kalulini
Merueshi
Migululu
1511
Mbuinzau
Kibwezi
Chyulu Hills
Masongaleni
Chyulu Range
Makutano
Ngwata
Darajani
Kambu
Campi Ya Kanzi
Kathekani
138
Nagi Ndethya National Reserve
Tsavo Safari Camp
Kilalinde Camp
Kimana Lodge
Tsavo Inn
Mtito Andei
Mtito Andei Gate (Tsavo East)
Mtito Andei Gate & Tsavo West Park Office
2174
National Park
Kamboyo
Kanga
Lolterish
Kimana Safari Lodge
Kimana
Kilimanjaro Buffalo Lodge
Curio Shop
Shetani Lava Flow
Chyulu Gate
Shetani Caves
Tsavo West N.P.
Kalanga Valley
Kenani
B7
A3
C94
C97
A101
C99
A109
C102
C103

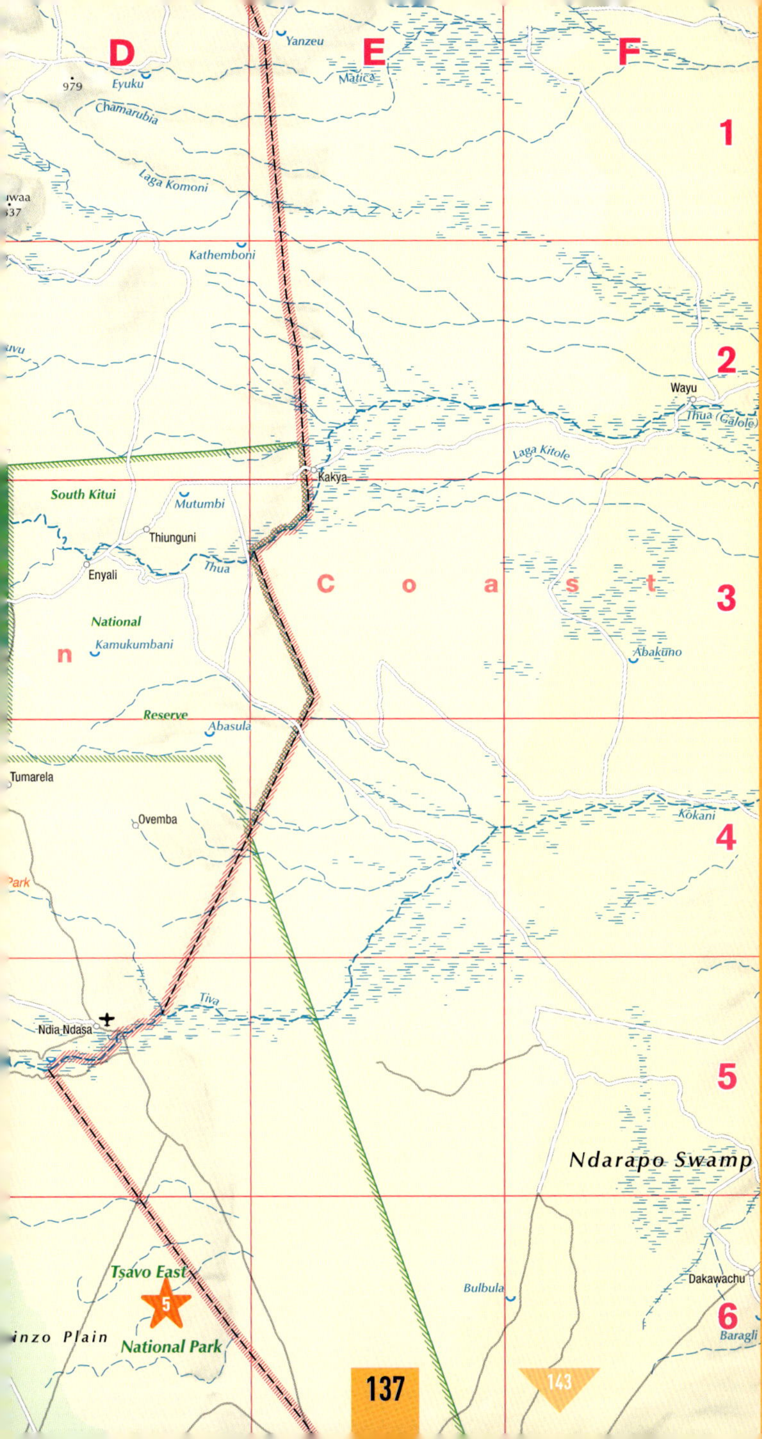

D
E
F
1
2
3
4
5
6
Yanzeu
Eyuku
979
Matica
Chamarubia
Laga Komoni
Kathemboni
Wayu
Thua (Galole)
Laga Kitole
Kakya
South Kitui
Mutumbi
Thiunguni
Enyali
Thua
Coast
National
Kamukumbani
Reserve
Abasula
Abakuno
Tumarela
Ovemba
Kokani
Tiva
Ndia Ndasa
Ndarapo Swamp
Tsavo East
5
National Park
Bulbula
Dakawachu
Baragli

143

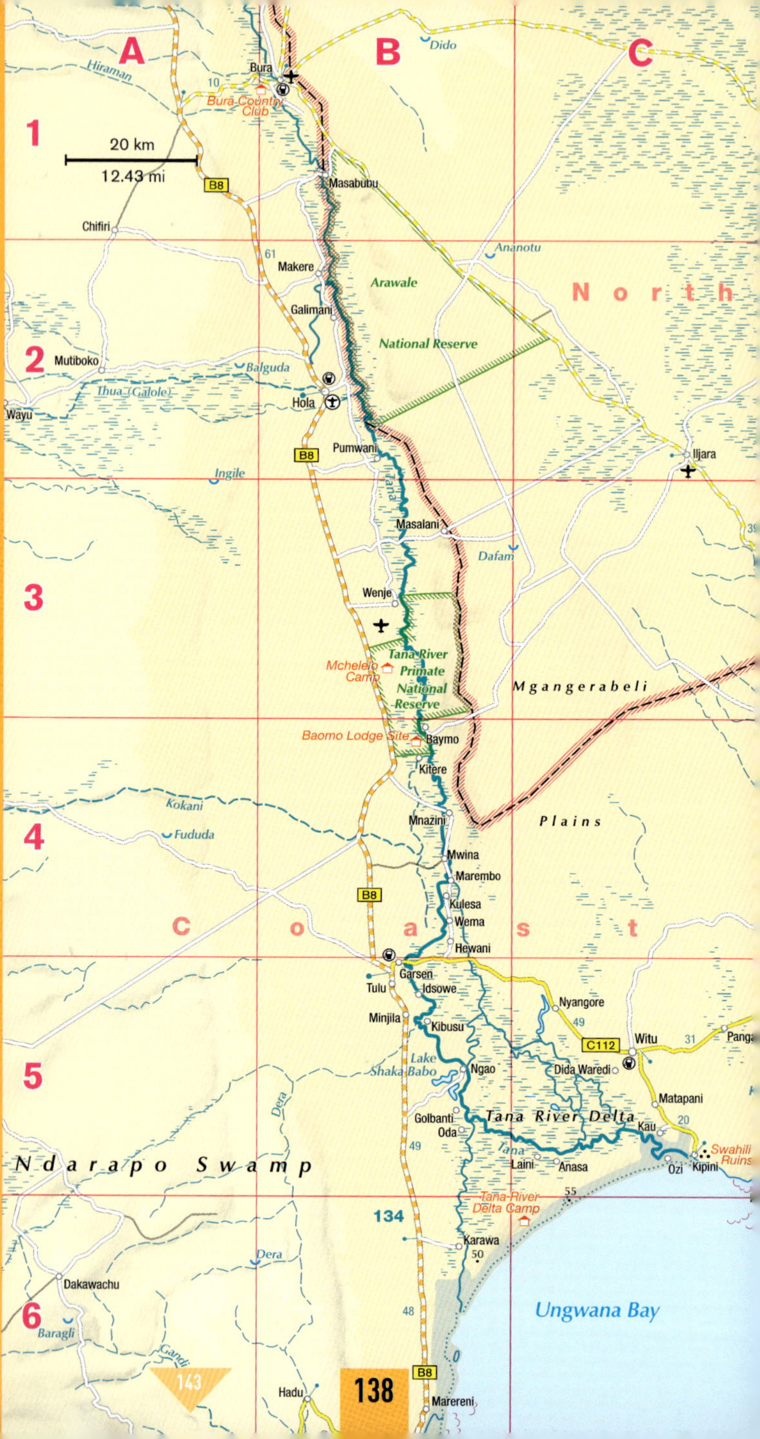
A
B
C
1
2
3
4
5
6
20 km
12.43 mi
Hiraman
Bura
Bura Country Club
10
Dido
B8
Masabubu
Chifiri
61
Makere
Arawale
National Reserve
Ananotu
North
Galimani
Mutiboko
Balguda
Thua (Galole)
Hola
Wayu
Pumwani
Ingile
Ijara
Tana
Masalani
Dafam
Wenje
Tana River Primate National Reserve
Mchelelo Camp
Mgangerabeli
Baomo Lodge Site
Baymo
Kitere
Kokani
Fududa
Mnazini
Plains
Mwina
Marembo
Kulesa
Wema
Coast
Hewani
Garsen
Tulu
Idsowe
Nyangore
Minjila
Kibusu
49
C112
Witu
31
Lake Shaka Babo
Ngao
Dida Waredi
Matapani
Dera
Golbanti
Oda
Tana River Delta
Kau
20
Ndarapo Swamp
Laini
Anasa
Ozi
Kipini
Swahili Ruins
55
Tana River Delta Camp
134
Karawa
50
Dera
Dakawachu
48
Ungwana Bay
Baragli
Gandi
143
Hadu
Marereni

D
E
F
1
2
3
4
5
6
SOOMAALIYA
Eastern
Dola
Bad Adda
Awat Kolkole
Giu
Kolbio
Lac Gifta Bura
Galma Galla
Lac Buschbusc
Busc-busc
Uaiore
Laga Garebey
Madero
Bio Gudud
Boni National Reserve
Dodori
Arosen
Kaambooni
Shakani
Mararani
Mangai
Milimani
Kiunga
Kiungamwina Island
Dodori National Reserve
Mambore
Bodhei
Duldul
Majengo
Simambaya Island
Kiuga Marine National Reserve
Rubu
KWY
Simambaya
Ashuwei
Kiduruni
Kiwaihu Safari Lodge
Kiwaiya Safari Village
Oseni
Mkokoni
Kiangwe
Anish
Kiwayu Island
Kiwayu Island Lodge
Kiwayuu Bay
Mongani Creek
Magumba
Dondo
Siyu Channel
Ndau Island
Bargoni
Faza
Tondwa
Kizingitini
Magogoni
Mitangawanda
Fort
Siyu
Nabahani Ruins
Paté Island
Pate
Shanga Ruins
Kisingati Island
Paté Bay
Hindi
Blue Safari Club
Manda Toto Island
Hidio
Mkowe
LAU
Manda
Mariyamu
Manda Bay
Lamu
Lamu Fort
Takwa-Milinga
Takwa
Koreni
Matondoni
Shela
Ras Kitau
Shela Beach
Manda Island
Mkunumbi
Kipungani Bay Resort
Luziwa
Lamu Island
Kiongwe
Lamu Bay
Ras Tenewe
Mpeketoni
INDIAN OCEAN
Shaka

A
B
C
1
2
3
4
5
6
134
20 km
12.43 mi
Meto Hills
Meto
Meto 2060
Mailua
Amboseli
Olosinkiran
Lengesim
Kiboko
Game
Reserve
C102
A104
C103
Oldoiniyo Orok 2524
Namanga River Lodge
Namanga
Namanga (Meshanani) Gate
Lake Amboseli
Amboseli
Kilimanjaro Buffalo Lodge
Lemboti Gate
Ol Tukai
Ol Tukai Lodge
Oldinka Legeru
Kilimanjaro Safari Lodge
Amboseli Lodge
Amboseli Serena Lodge
Longido 2637
Longido
Kitirua Gate
Sinya Mine
Tortilis Camps
National Park
Mabati
Kimana (Olkelunyiet) Gate
Kilimanjaro Buffalo Lodge
Ol Molog
Osirwa Safari Cottages
Endoinet
Kamwanga
Rongali
Oloitokitok
Trans East-African Highway
105
Londorossi
Kilimanjaro
Lariboro
Tinga Tinga
Engare Nairobi
Kilimanjaro
Shira 3943
Shira Hut
Uhuru Peak 5892
Hans Meyer Cave
Kibo Hut
Mawenzi 5151
Horombo Hut
1562
2109
Ngare Nanyuki
1603
Park Gate
National Park
Oldonyo Sambu
Little Meru 3820
Hatari Lodge
Sanya Juu
Machame
Mount Meru 4565
Momella Lakes
Liwati
Mashangala
Umbwe
Mweka
Ndogo Camp
Ngurdoto Crater National Park
Lekuruki
Mango
Arusha National Park
Kware
Maua
Kidia
Kibo Hotel
Musa
Engare Olmotoni Juu
Mount Meru Lodge
Snake and Reptile Farm
Weru Weru
Marangu
Nkoarango
Ngare Seru Lodge
Hai
Kirua
(1400)
1551
Sanya Chini
1431
Kisongo
A104
Usa River
79
MOSHI
ARK
Tengeru
Lake Duluti
Mount Meru Game Sanctuary
A23
JRO
Rundugai
Mbuyuni
Uchira
Himo
ARUSHA
Karangai Ndogo
Sanya Plains
Kikafu Ya Chini
Ndurama Chini
B1
Kahe
Karangai Kubwa
Kikuletwa
Arusha Chini
Mbuguni
Losinyai
1268
Samanga
Lelatema Mountains
1659
Latalasa
1624
Kisangiro
1000
Pangani
Mwanga
Arusha
1344
Nyumba ya Mungu Reservoir
Komole
1286
Lembeni
Nyumba Ya Mungu
TANZANIA
Terat
Lake Ambussel
1852
Kiriya
Sukuro
1748
Taikus
Lossoganeu 2123
Landanai
Oldonyo Ukuto 1863
Lossogonoi Plateau
Simanjiro Plain
Rotian 1832
Naberera
1413

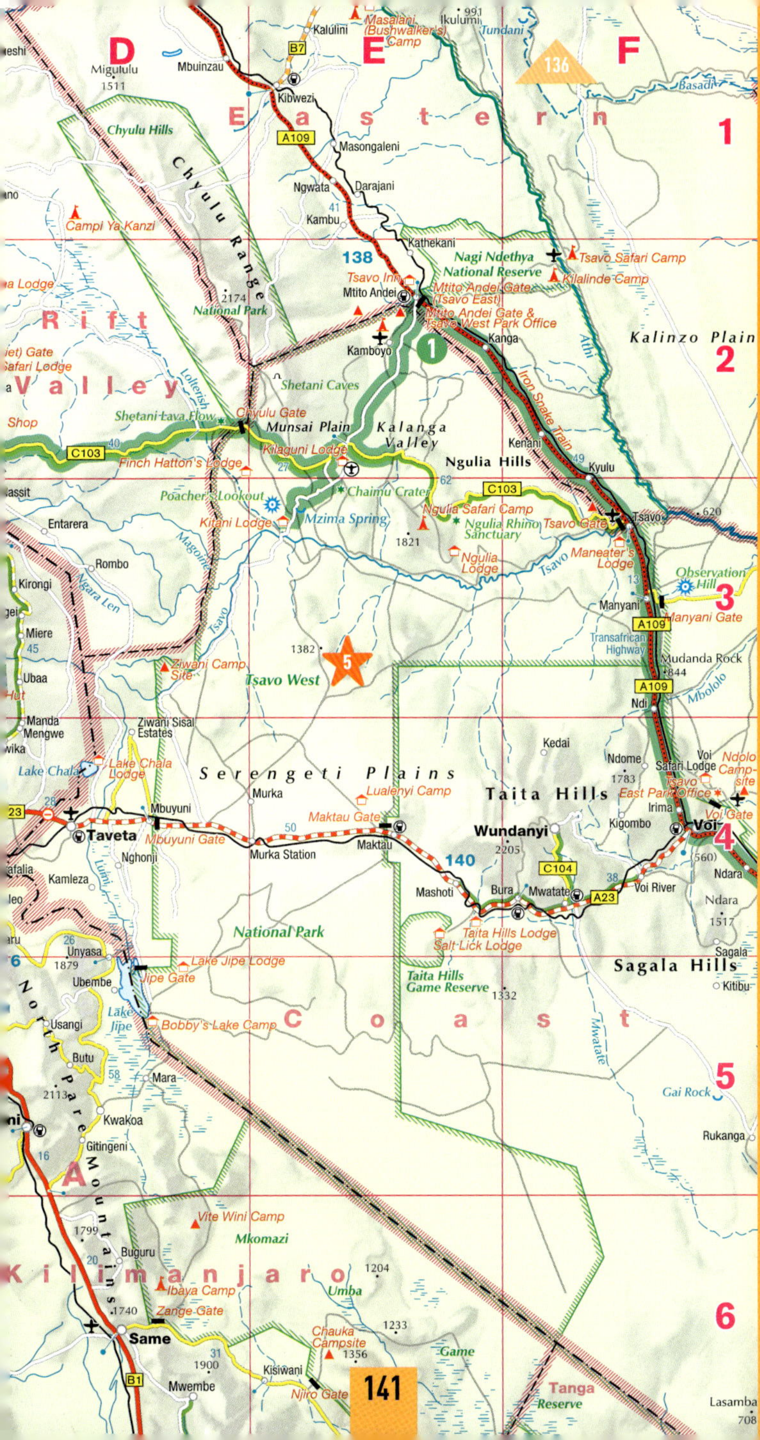
D
E
F
136
1
2
3
4
5
6
Eastern
Rift Valley
Coast
Kilimanjaro
Masalani (Bushwalker's) Camp
Ikulumi
991
Tundani
Kalulini
B7
Migululu
1511
Mbuinzau
Kibwezi
Basadi
Chyulu Hills
A109
Masongaleni
Chyulu Range
National Park
Ngwata
Darajani
Kambu
41
Campi Ya Kanzi
Kathekani
138
Nagi Ndethya National Reserve
Tsavo Safari Camp
Kilalinde Camp
Tsavo Inn
Mtito Andei
Mtito Andei Gate (Tsavo East)
Mtito Andei Gate & Tsavo West Park Office
2174
Kanga
Kamboyo
Kalinzo Plain
Athi
Iron Snake Train
Lolterish
Shetani Caves
Shetani Lava Flow
Chyulu Gate
Munsai Plain
Kalanga Valley
Kenani
C103
40
Finch Hatton's Lodge
Kilaguni Lodge
27
Ngulia Hills
49
Kyulu
62
Chaimu Crater
Poacher's Lookout
Ngulia Safari Camp
Tsavo
620
Entarera
Kitani Lodge
Mzima Spring
Ngulia Rhino Sanctuary
Tsavo Gate
1821
Maneater's Lodge
Magoine
Rombo
Ngulia Lodge
Observation Hill
Kirongi
Ngara Len
13
Manyani
Miere
45
Manyani Gate
Transafrican Highway
1382
Mudanda Rock
844
Ubaa
Ziwani Camp Site
Tsavo West
Mbololo
Ndi
Manda
Mengwe
Ziwani Sisal Estates
Kedai
Voi Safari Lodge
Ndolo Campsite
Ndome
Lake Chala
Lake Chala Lodge
Serengeti Plains
1783
Tsavo East Park Office
Murka
Lualenyi Camp
Taita Hills
Irima
28
23
Mbuyuni
Maktau Gate
Kigombo
Voi Gate
Taveta
Mbuyuni Gate
50
Wundanyi
Voi
Nghonji
Murka Station
Maktau
140
2205
(560)
Kamleza
Lumi
C104
Ndara
Mashoti
Bura
Mwatate
A23
38
Voi River
Ndara
1517
National Park
Taita Hills Lodge
Salt Lick Lodge
26
Unyasa
1879
Lake Jipe Lodge
Sagala
Sagala Hills
Ubembe
Jipe Gate
Taita Hills Game Reserve
1332
Kitibu
Lake Jipe
Usangi
Bobby's Lake Camp
Mwatate
North Pare Mountains
Butu
58
Mara
Gai Rock
2113
Kwakoa
Rukanga
Gitingeni
16
Vite Wini Camp
1799
Mkomazi
Buguru
20
1204
Ibaya Camp
Umba
Zange Gate
1740
Chauka Campsite
1233
Same
1356
Game
31
1900
Kisiwani
Tanga
B1
Mwembe
Njiro Gate
Reserve
Lasamba
708

A
B
C
1
2
3
4
5
6
136
Tsavo East
National Park
Eastern
Yatta Escarpment
Kenani
Ngulia Hills
Kyulu
Ngulia Rhino Sanctuary
C103
Tsavo Gate
Tsavo
620
Maneater's Lodge
Ngulia Lodge
20 km
12.43 mi
Tsavo
Tsavo West
National Park
Manyani
Manyani Gate
Observation Hill
Lugard's Falls
Hippo Point
Crocodile Point
Crocodile Camp Site
Galana
Koito
Aftuti
Bereito
Wasanya
Sala
101
A109
Transafrican Highway
Mudanda Rock
844
Mbololo
Ndi
Kedai
Ndome
1783
Taita Hills
Voi Safari Lodge
Tsavo East Park Office
Ndolo Campsite
Aruba Lodge
Voi
Voi Gate
Mukwaju Camp Site
443
Irima
Kigombo
Wundanyi
2205
140
C104
Voi
(560)
Ndara Plains
Dika Plains
Ndara
Mashoti
Bura
Mwatate
38
A23
Voi River
Ndara
1517
Taita Hills Lodge
Maungu Plains
Sagala
Sagala Hills
Maungu
68
Buchuma
Kitibu
1332
160
Mwatate
Buchuma Gate
Buchuma
Mwanatibu
Mackinnon Road
Taru
Transafrican Highway
27
Gai Rock
Rukanga
1641
Makwasinyi
Kasigau
Bungule
31
Tsavo West
National
Park
Coast
Kilibasi
Kituu
Shambini
30
Mkomazi
Umba
Lasamba
708
Mwardimu
Mwamandi
Gulanze
60
Ndavaya
Game
Mkongani
Mwereni
Tanga
Reserve
Shimba Hill
National Park
C106
Mwangulu
Kamba
Kivingo
Mnanzi
Mwanayamala
470
Usambara Mountains
577
Kileve
Makalanga
Mlalo
Shagein
2219
Lunguza
Lelwa
18
Umba
Lunga Lunga
Mikameni
18
Majoreni
TANZANIA
26
17
Jambe
Umba
Horohoro
Vanga
Sii Island
2301
Malindi
Mtandikeni
Mvumoni

D
E
F
1
2
3
4
5
6
138
Hadu
Marereni
Ramada
B8
Koromi
Gandi
Fundisa
Fundisa Kibaoni
Robinson Island
Manyeso
Mizijini
Hell's Kitchen
Ras Ngomeni
Ngomeni
Dakacha
Marafa
Gogoni
Crocodile Camp
Kisiki Cha Mzungu
169
Matolani
Baricho
Marikebuni
Mambrui
Ancient Arab City
Mosque & Koran School
C103
Galana
Garashi
Chakama
Sabaki
Kakoneni
Dagamra
C103
Madungoni
Malindi
Ganda
Jilore
MYD
Casuarina Point
Mwaga
Mwahera
520
Mwahera
Msabaha
Malindi Marine National Park
B2
Gedi
Vitengeni
Arabuko Sokoke Forest
Gedi National Monument
Kavuluni
Watamu
Penda Kula
Mida Creek
Goshi
Shambweni
Watamu Marine National Park
Rei
Jila
Dida
Rare
Goshi
Luswani
Roka
324
121
Ganze
Mgamboni
Bamba
Sokoke
C115
Tezo
Mtondia
Sea Horse Hotel
Nzdoyuni
Jaribuni
Kaya Kauma
Kilifi
Kilifi Creek
Mtulu
Kilifi Boatyard
Mnarani
Maruvesa
Mbongo
Mkongoni
Takaungu
Kibaoni
Mtsengo
Galanema
B2
352
Shauri Moyo
Kaya Giriama
Gotani
C107
Maji Ya Chumvi
A109
Mnyenzeni
Kaloleni
Mwarakaya
Kurwitu
Giriama
Gongoni
INDIAN
Iron Snake Train
Mariakani
Kaya Kambe
Vipingo
Jimba
Ribe
Kikambala
Kikambala Beach
C111
Kaya Ribe
Kanamai
Mombasa Marine National Reserve
The Rabai Kayas
Le Pichet Restaurant
Matumbi
Rabai
Mtwapa
Bara Hoyo
Shimo La Tewa
Jumba La Mtwana
Mazeras
Tudor Creek
Ngomongo Villages
C107
Majengo
Bamburi Beach
Changamwe
Shanzu Beach
Miritini
Bamburi Nature Trails
Mtaa
Nyali
Nyali Beach
Mombasa Marine National Park
MBA
Port Reitz
MOMBASA
(16)
Likoni
Fort Jesus
Mwaluganje Elephant Sanctuary
Ngombeni
Shelly Beach Hotel
450
Matuga
Waa
Shelly Beach
OCEAN
Shimba Hills
C106
A14
Kwale
Shimba Hills Lodge
Sable Valley Wildlife Sanctuary
Tiwi
Tiwi Beach
Giriama Point
Elephant Lookout
Diani
Kongo Mosque
Shedrick Falls
Ukunda
Ras Mwachema
Pengo Hill
Diani Beach
Mdogo Forest
Njele
98
Mwapala
Diani-Chale Marine National Park
Mkomba
Muhaka Mbavu
Mwabungu
C108
Kaya Kinondo
Gazi
Mwaluanga
Chale Point
Msambweni
Chale Island
Mafisini
Gazi Beach
Kisimachande
Maftaha Bay
A14
Ramisi
Kidimu
Funzi Island
Funzi
Funzi Bay
Shimoni Cave
Shimoni
Ras Wasini
Wasini
Wasini Island
Kisite-Mpunguti Marine N. P.

KARTENLEGENDE

18 26	Autobahn mit Anschlussstellen Motorway with junctions
	Autobahn in Bau Motorway under construction
	Mautstelle Toll station
	Raststätte mit Übernachtung Roadside restaurant and hotel
	Raststätte Roadside restaurant
	Tankstelle Filling-station
	Autobahnähnliche Schnell-straße mit Anschlussstelle Dual carriage-way with motorway characteristics with junction
	Fernverkehrsstraße Trunk road
	Durchgangsstraße Thoroughfare
	Wichtige Hauptstraße Important main road
	Hauptstraße Main road
	Nebenstraße Secondary road
	Eisenbahn Railway
	Autozug-Terminal Car-loading terminal
	Zahnradbahn Mountain railway
	Kabinenschwebebahn Aerial cableway
	Eisenbahnfähre Railway ferry
	Autofähre Car ferry
	Schifffahrtslinie Shipping route
	Landschaftlich besonders schöne Strecke Route with beautiful scenery
Alleenstr.	Touristenstraße Tourist route
XI-V	Wintersperre Closure in winter
	Straße für Kfz gesperrt Road closed to motor traffic
8%	Bedeutende Steigungen Important gradients
	Für Wohnwagen nicht empfehlenswert Not recommended for caravans
	Für Wohnwagen gesperrt Closed for caravans
	Besonders schöner Ausblick Important panoramic view

Wartenstein *Umbalfälle*	Sehenswert: Kultur - Natur Of interest: culture - nature
	Badestrand Bathing beach
	Nationalpark, Naturpark National park, nature park
	Sperrgebiet Prohibited area
	Kirche Church
	Kloster Monastery
	Schloss, Burg Palace, castle
	Moschee Mosque
	Ruinen Ruins
	Leuchtturm Lighthouse
	Turm Tower
	Höhle Cave
	Ausgrabungsstätte Archaeological excavation
	Jugendherberge Youth hostel
	Allein stehendes Hotel Isolated hotel
	Berghütte Refuge
	Campingplatz Camping site
	Flughafen Airport
	Regionalflughafen Regional airport
	Flugplatz Airfield
	Staatsgrenze National boundary
	Verwaltungsgrenze Administrative boundary
	Grenzkontrollstelle Check-point
	Grenzkontrollstelle mit Beschränkung Check-point with restrictions
ROMA	Hauptstadt Capital
VENEZIA	Verwaltungssitz Seat of the administration
	MARCO POLO Erlebnistour 1 MARCO POLO Discovery Tour 1
	MARCO POLO Erlebnistouren MARCO POLO Discovery Tours
1	MARCO POLO Highlight MARCO POLO Highlight

FÜR IHRE NÄCHSTE REISE ...

ALLE **MARCO POLO** REISEFÜHRER

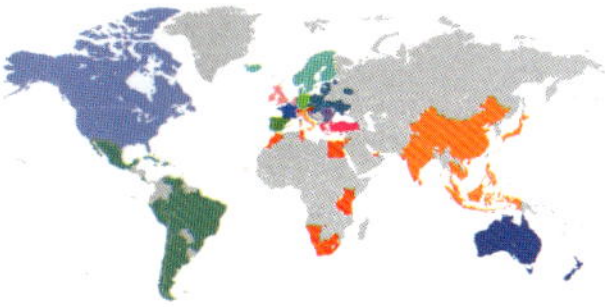

DEUTSCHLAND
Allgäu
Bayerischer Wald
Berlin
Bodensee
Chiemgau/Berchtesgadener Land
Dresden/Sächsische Schweiz
Düsseldorf
Eifel
Erzgebirge/Vogtland
Föhr & Amrum
Franken
Frankfurt
Hamburg
Harz
Heidelberg
Köln
Lausitz/Spreewald/Zittauer Gebirge
Leipzig
Lüneburger Heide/Wendland
Mecklenburgische Seenplatte
Mosel
München
Nordseeküste Schleswig-Holstein
Oberbayern
Ostfriesische Inseln
Ostfriesland/Nordseeküste Niedersachsen/Helgoland
Ostseeküste Mecklenburg-Vorpommern
Ostseeküste Schleswig-Holstein
Pfalz
Potsdam
Rheingau/Wiesbaden
Rügen/Hiddensee/Stralsund
Ruhrgebiet
Schwarzwald
Stuttgart
Sylt
Thüringen
Usedom
Weimar

ÖSTERREICH SCHWEIZ
Kärnten
Österreich
Salzburger Land
Schweiz
Steiermark
Tessin
Tirol
Wien
Zürich

FRANKREICH
Bretagne
Burgund
Côte d'Azur/Monaco
Elsass
Frankreich
Französische Atlantikküste
Korsika
Languedoc-Roussillon
Loire-Tal
Nizza/Antibes/Cannes/Monaco
Normandie
Paris
Provence

ITALIEN MALTA
Apulien
Dolomiten
Elba/Toskanischer Archipel
Emilia-Romagna
Florenz
Gardasee
Golf von Neapel
Ischia
Italien
Italienische Adria
Italien Nord
Italien Süd
Kalabrien
Ligurien/Cinque Terre
Mailand/Lombardei
Malta & Gozo
Oberital. Seen
Piemont/Turin
Rom
Sardinien
Sizilien/Liparische Inseln
Südtirol
Toskana
Venedig
Venetien & Friaul

SPANIEN PORTUGAL
Algarve
Andalusien
Barcelona
Baskenland/Bilbao
Costa Blanca
Costa Brava
Costa del Sol/Granada
Fuerteventura
Gran Canaria
Ibiza/Formentera
Jakobsweg Spanien
La Gomera/El Hierro
Lanzarote
La Palma
Lissabon
Madeira
Madrid
Mallorca
Menorca
Portugal
Spanien
Teneriffa

NORDEUROPA
Bornholm
Dänemark
Finnland
Island
Kopenhagen
Norwegen
Oslo
Schweden
Stockholm
Südschweden

WESTEUROPA BENELUX
Amsterdam
Brüssel
Dublin
Edinburgh
England
Flandern
Irland
Kanalinseln
London
Luxemburg
Niederlande
Niederländische Küste
Schottland
Südengland

OSTEUROPA
Baltikum
Budapest
Danzig
Krakau
Masurische Seen
Moskau
Plattensee
Polen
Polnische Ostseeküste/Danzig
Prag
Slowakei
St. Petersburg
Tallinn
Tschechien
Ungarn
Warschau

SÜDOSTEUROPA
Bulgarien
Bulgarische Schwarzmeerküste
Kroatische Küste Dalmatien
Kroatische Küste Istrien/Kvarner
Montenegro
Rumänien
Slowenien

GRIECHENLAND TÜRKEI ZYPERN
Athen
Chalkidiki/Thessaloniki
Griechenland Festland
Griechische Inseln/Ägäis
Istanbul
Korfu
Kos
Kreta
Peloponnes
Rhodos
Samos
Santorin
Türkei
Türkische Südküste
Türkische Westküste
Zákinthos/Itháki/Kefalloniá/Léfkas
Zypern

NORDAMERIKA
Chicago und die Großen Seen
Florida
Hawai'i
Kalifornien
Kanada
Kanada Ost
Kanada West
Las Vegas
Los Angeles
New York
San Francisco
USA
USA Ost
USA Südstaaten/New Orleans
USA Südwest
USA West
Washington D.C.

MITTEL- UND SÜDAMERIKA
Argentinien
Brasilien
Chile
Costa Rica
Dominikanische Republik
Jamaika
Karibik/Große Antillen
Karibik/Kleine Antillen
Kuba
Mexiko
Peru & Bolivien
Yucatán

AFRIKA UND VORDERER ORIENT
Ägypten
Djerba/Südtunesien
Dubai
Israel
Jordanien
Kapstadt/Wine Lands/Garden Route
Kapverdische Inseln
Kenia
Marokko
Namibia
Rotes Meer & Sinai
Südafrika
Tansania/Sansibar
Tunesien
Vereinigte Arabische Emirate

ASIEN
Bali/Lombok/Gilis
Bangkok
China
Hongkong/Macau
Indien
Indien/Der Süden
Japan
Kambodscha
Ko Samui/Ko Phangan
Krabi/Ko Phi Phi/Ko Lanta/Ko Jum
Malaysia
Nepal
Peking
Philippinen
Phuket
Shanghai
Singapur
Sri Lanka
Thailand
Tokio
Vietnam

INDISCHER OZEAN UND PAZIFIK
Australien
Malediven
Mauritius
Neuseeland
Seychellen

Viele MARCO POLO Reiseführer gibt es auch als eBook – und es kommen ständig neue dazu!
Checken Sie das aktuelle Angebot einfach auf: www.marcopolo.de/e-books

REGISTER

In diesem Register sind alle im Reiseführer erwähnten Orte und Ausflugsziele sowie einige wichtige Namen und Sachbegriffe aufgeführt. Gefettete Seitenzahlen verweisen auf den Haupteintrag.

SCHREIBEN SIE UNS!

Egal, was Ihnen Tolles im Urlaub begegnet oder Ihnen auf der Seele brennt, lassen Sie es uns wissen! Ob Lob, Kritik oder Ihr ganz persönlicher Tipp – die MARCO POLO Redaktion freut sich auf Ihre Infos.
Wir setzen alles dran, Ihnen möglichst aktuelle Informationen mit auf die Reise zu geben. Dennoch schleichen sich manchmal Fehler ein – trotz gründlicher Recherche unserer Autoren/innen. Sie haben sicherlich Verständnis, dass der Verlag dafür keine Haftung übernehmen kann.

MARCO POLO Redaktion
MAIRDUMONT
Postfach 31 51
73751 Ostfildern
info@marcopolo.de

IMPRESSUM
Titelbild: Zebras mit Kilimanjaro im Hintergrund (Look/age)
Fotos: R. M. Gill (28 r.); huber-images: Biscaro (10, 60), A. Biscaro (19 o.), T. Draper (20/21), H. - P. Huber (12/13), Schmid (Klappe r., 4 u., 32/33, 43, 90/91, 112 u.), R. Schmid (8, 26/27); © iStockphoto/mediaphotos (19 u.); Laif: Riehle (78, 85); Laif/hemis.fr (62); Lamu Retreats: Jake da Motta (18 M.); Leopard Beach Resort (18 u.); Look: Martin (88); Look/age (1 o.); mauritius images: Warburton-Lee (80/81, 112 o.), J. Warburton-Lee (100); mauritius images/age (22); mauritius images/Alamy (Klappe l., 3, 4 o., 5, 6, 9, 11, 14/15, 17, 24, 28 l., 29, 30, 31, 34, 47, 50/51, 55, 56, 64, 67, 72, 74, 76/77, 82, 87, 94, 102/103, 104/105, 108/109, 109, 110, 110/111, 113, 124/125); mauritius images/Imagebroker: M. Moxter (97), S. Pitamitz (79), I. Schulz (2, 7), A. Singh (111), U. Skrzypczak (70/71); mauritius-images: J. Warburton-Lee (68); mauritius-images/age (36); mauritius-images/Alamy (41); mauritius-images/Axiom Photographic (89); H. Mielke (30/31, 39, 45, 107); R. Radke (58/59); M. Thomas (49, 52, 108); UniquEco: Georgine Goodwin/Charlie Ceres Cook (18 o.); Utz Dräger (1 u.)

12. Auflage 2016
Komplett überarbeitet und neu gestaltet
© MAIRDUMONT GmbH & Co. KG, Ostfildern
Chefredaktion: Marion Zorn
Autor: Marc Engelhardt, Bearbeiter: Utz Dräger; Redaktion: Jochen Schürmann
Verlagsredaktion: Susanne Heimburger, Tamara Hub, Nikolai Michaelis, Kristin Schimpf, Martin Silbermann
Bildredaktion: Gabriele Forst; Im Trend: wunder media, München
Kartografie Reiseatlas: © MAIRDUMONT, Ostfildern; Kartografie Faltkarte: © MAIRDUMONT, Ostfildern
Gestaltung Cover, S. 1, S. 2/3, Faltkartencover: Karl Anders – Büro für Visual Stories, Hamburg; Gestaltung innen: milchhof:atelier, Berlin; Gestaltung Erlebnistouren: Susan Chaaban Dipl.-Des. (FH)
Sprachführer: in Zusammenarbeit mit Ernst Klett Sprachen GmbH, Stuttgart, Redaktion PONS Wörterbücher
Das Werk einschließlich aller seiner Teile ist urheberrechtlich geschützt.
Jede urheberrechtsrelevante Verwertung ist ohne Zustimmung des Verlags unzulässig und strafbar. Das gilt insbesondere für Vervielfältigungen, Übersetzungen, Nachahmungen, Mikroverfilmungen und die Einspeicherung und Verarbeitung in elektronischen Systemen.
Printed in China.

FSC www.fsc.org MIX Paper from responsible sources FSC® C124385

BLOSS NICHT

Es stimmt: Wilde Tiere sind wild, und die Äquatorsonne ist heiß

IM NATIONALPARK AUSSTEIGEN

In Nationalparks darf man nur an gekennzeichneten Stellen aus dem Auto aussteigen. Mit Grund: Es ist lebensgefährlich! Die vermeintlich niedlichen Affen nahe Ihrem Zelt können schnell aggressiv werden: Halten Sie Abstand, und füttern Sie sie niemals.

KENIANER BEMITLEIDEN

Viele Kenianer sind arm, aber sie sind auch stolz. Als Urlauber haben Sie die Chance, auch denen Respekt zu zeigen, die wenig haben – zum Beispiel durch ein Gespräch. Geben Sie gezielt etwas, wenn Sie helfen wollen, nicht aus schlechtem Gewissen.

VERBRENNEN

Die Äquatorsonne, im Hochland auch noch Höhensonne, ist gefährlich. Selbst bei Bewölkung färbt sich die Haut schnell rot. Tragen Sie Sonnencreme mit hohem Lichtschutzfaktor auf.

LEITUNGSWASSER TRINKEN

Auch in den besten Hotels sollten Sie zu Mineralwasser greifen, um Durchfälle und schlimmere Erkrankungen zu vermeiden. Versiegelte Flaschen gibt es überall und sind die bessere Alternative, auch zum Zähneputzen.

SCHMIERGELD ZAHLEN

Ein heikles Thema ist die in Kenia vorkommende Korruption. Sollte tatsächlich jemand ein Bestechungsgeld von Ihnen verlangen, stellen Sie sich dumm und lassen Sie denjenigen wieder und wieder erklären, was genau er meint. Regen Sie sich auf, kann das – vor allem bei Polizei oder offiziellen Stellen – Schwierigkeiten nach sich ziehen.

IM DUNKELN DURCH DIE STADT LAUFEN

Wenn die Sonne untergegangen ist, nehmen Sie für jeden noch so kurzen Weg ein Taxi. Straßenbeleuchtung ist nahezu unbekannt, und im Schatten lauert manch zwielichtige Gestalt.

KNAUSERN

Wenn Sie mit eigenem Führer auf eine längere Safari gehen, auf den Mount Kenya steigen oder einen Fahrer mieten, zeigen Sie sich – außer Sie sind unzufrieden – großzügig. Ihre Trinkgelder sind meist das Haupteinkommen der Betroffenen.

ZU FREIZÜGIG SEIN

Jeder öffentliche Austausch von Zärtlichkeiten, z. B. ein Kuss oder Händchenhalten, ist in Kenia absolut unüblich. Homosexualität ist sogar verboten, FKK, auch oben ohne, ebenso.

SITZEN BLEIBEN

Wenn die Nationalhymne erklingt (vor jeder öffentlichen Aufführung, sei es im Konzert, im Kino o.ä.), muss man aufstehen und innehalten, bis die Musik stoppt.